W0089898

Kochbuch für den großen alten Mann

Sybil Gräfin Schönfeldt
Kochbuch für die
kleine alte
Frau

Von der Sandtorte aus dem kleinen roten Buch
der Großtante, von Astrid Lindgrens
Chicken à la King, vom Salat aus der Pfanne
oder ihrem täglichen Begleiter, dem Porridge –
Sybil Gräfin Schönfeldt, die *grande dame*
der Kochkultur, gibt Antworten auf die Frage:
Was koche ich für mich allein?
Ein Stück autobiografischer Kulinarik,
kombiniert mit praktischen Tipps und
Rezepten für alle, die im Alter allein leben,
aber auch für Single, die ein
gutes Essen schätzen.

128 Seiten. Gebunden. Leseband

Sybil Gräfin Schönfeldt

Kochbuch für den großen alten Mann

edition momente

1. Auflage September 2019
Copyright © 2019 by edition momente GmbH,
Raabe + Vitali, Zürich-Hamburg
Alle Rechte vorbehalten
Umschlagzeichnung: Jutta Bauer
Gestaltung: Max Bartholl, Frankfurt
Gesamtherstellung:
Friedrich Pustet GmbH & Co. KG, Regensburg
Printed in Germany
ISBN 978-3-0360-6003-3

Inhalt

Was zu dem großen alten Mann
zu sagen ist 7

Als Großvater seine Mehlsuppe kochte 8

Das erste Gericht
Ein Dialog 16

Eingeladen beim Küchenschatz 25

Von kreolischen Tomaten 30

Ein Zufallsgericht und andere Schmarren 36

Wie Liebe einen Mann emanzipierte
und zum Selber-Kochen brachte 43

Toast Monsieur Henry und Ludwigs Salat 50

Der Hamburger Großvater und
der Bückling 56

Vom gemeinsamen Kochen und Backen 60

Sommerferienfrühstück und Eier-Spiele 66

Meine Mandeln 71

Von Anderen Zimtsternen und
Zuckerschnitten 74

Eine kleine Erinnerung 80

Der Hundertjährige kocht weiter 82

Die Rezepte der Panina 91

Schmelzkartoffeln 95
Das Vaterhaus 98
Goethe, der große alte Mann 107
Das rote Buch 117

Was zu dem großen alten Mann
zu sagen ist

Die kleine alte Frau gab es schon lange – sie spukte durch meine Erinnerungen und war mir vertraut wie ein Hausgeist. Dann vergaß ich sie, jahrelang. Anderes wurde wichtig. Aber als mein Verlag einen Titel suchte, war sie wieder da. Im *Kochbuch für die kleine alte Frau* nahm sie Platz und lebt nun mit Vergnügen bei vielen weiter, die ihr Buch besitzen. Treffen wir zufällig zusammen, die Autorin und die Leserinnen und Leser, so wird ihr Blick meist forschend, sie mustern mich, als hätte ich etwas hinter meinem Rücken versteckt, und fragen streng: »Und wo ist der große alte Mann?«

Ja, wo war er? Und das ist der Zauber der Sprache: Er war nichts und wieder nichts, nicht einmal ein Schatten, aber dann bekam er einen Namen, und schon war er da. Stand in meiner Küche, schaute sich um, sah die kleine alte Frau am Herd und sagte: »Das riecht aber gut! Wie hast du das gemacht?« Nun sind wir drei, und wir laden Sie ein, uns eine Strecke Weges zu begleiten.

Als Großvater
seine Mehlsuppe kochte

Mein Vater wäre verhungert, wenn er sich selbst hätte verköstigen müssen. Er wurde Witwer, als die Inflation Ende der Zwanziger- jahre auch in viele Küchen eingebrochen war – für Köchinnen und Küchenmägde gab es kein Geld mehr, und auch nicht für Hummer, Gänseleber und Champagner.

Die Zeit war für Junggesellen und junge Witwer nicht günstig, aber ich glaube, mein Vater ist nie auf die Idee gekommen, deshalb kochen zu lernen. In seiner verwaisten jungen Ehepaarküche verstaub- ten Topf und Pfanne. Er war zwischen Bonnen und Gouvernanten im Kindertrakt des Schlosses auf- gewachsen, kam im Schulalter ins Internat, und kaum war er ihm entronnen, brach der Erste Welt- krieg aus, lag er auf den Höhen über dem Isonzo, und das Essen aus der Feldküche, aus der Gulasch- kanone, das in Kübeln und an Tragstangen wie eine Sänfte hinauftransportiert wurde, lag ebenso unter Beschuss wie die Gebirgsjäger.

Als der Krieg endete, war fast nichts mehr wie

früher und wurde auch nie wieder das, was es einmal gewesen war. Aber kochen musste mein Vater trotzdem nicht. Er war ein Habenichts mit großem Charme und versuchte, im, von der jungen Republik Österreich aus betrachtet, »reichen« Deutschland irgendwo und irgendwie Fuß zu fassen, heiratete und wurde wenig später Witwer. Es fanden sich nun immer weibliche Personen verschiedenen Alters, die ihn trösten und versorgen wollten. Sie brachten Pasteten und Suppen, Torten und Gelees, und er hielt mit höflicher, unverbindlicher Gleichgültigkeit dieser gekochten Liebe stand, wobei er freilich mit Genuss die Opfergaben verzehrte.

Doch wo er auch war, in welcher Enge als junger Offizier mit Burschen in der Kaserne, als möblierter Herr oder Mieter von eineinhalb Zimmern in einem der Berliner Mietshäuser mit Ausblick auf den zweiten oder dritten Hinterhof, er kochte nicht, er hatte nicht einmal eine Küche, aber er versuchte, sich zu ernähren, wie in den Zwanzigerjahren wohl viele Junggesellen. Er erinnerte sich an Dinge aus seiner Kindheit, die man nicht kochen muss. Ein Stremellachs, Schinken oder Roastbeef mit einer Scheibe Brot, ein Stück Gruyère mit Kresse und Radieschen.

Er deckte zu seinen kargen, einsamen Mahlzeiten den Tisch wie früher daheim. Er deckte mit dem kleinen Damasttischtuch, der sogenannten Frühstücksdecke, das, was ihm als Tisch diente. Er stellte die weißen Teller, Herend oder Augarten, zwischen sein Silberbesteck, darüber die schönen Kristallgläser für Wasser oder Wein, eine kleine silberne Menage mit Öl und Essig, Salznäpfe, silberne Pfeffermühle, und stets steckte im Serviettenring mit seinen Initialen und dem Wappen eine tadellose weiße und gebügelte Serviette, eine von den großen, die wir heute als Tischtuch benutzen könnten. Er trug immer Hemden mit Manschettenknöpfen und Krawatten.

Anfang der Dreißigerjahre heiratete mein Vater, der unterdessen Pressesprecher der Ufa geworden war, ein Filmsternchen und beorderte mich, seine siebenjährige Tochter, von Göttingen, wo ich bei meinen Großeltern lebte, nach Berlin, weil er nun eine Familie haben wollte. Das Sternchen konnte ebenso wenig kochen wie er und öffnete zum Mittagessen eine Dose Reis mit Huhn oder Nudeln in Tomatensauce. Beides war so fest in die Dosen gepresst, dass man es wie eine Rolle Marmor hinausschieben musste, und wahrscheinlich wäre Marmor schmackhafter gewesen.

Am Wochenende sah die Sache erfreulicher aus. Es gab gegen elf Uhr den Brunch, der gerade erfunden worden und hoch in Mode war. Außer weißem Toastbrot, Eiern im Glas und rosiger Teewurst gab es auch Porridge, jedoch aus den weichsten Haferflocken, in Milch und Schokolade gekocht und mit Sahne begossen.

Eines Sonntags kamen die Großeltern aus Göttingen zu Besuch, und als sie meinen Vater und das Sternchen in Morgenröcken, gegen Mittag, Porridge mit Schokolade essen sahen, wurde ich aus dem Zimmer geschickt. Dann packte meine Großmutter stumm meinen Koffer, und sie nahmen mich gleich mit zurück nach Göttingen. Mir hatte der Berliner Porridge ganz gut geschmeckt, doch für meinen Großvater war er das untrügliche Zeichen sittlicher Verwahrlosung, aus der ein Kind gerettet werden musste.

Ich sah meinen Vater dann lange nicht mehr.

Er wurde ein großer alter Mann, der, wenn er eingeladen war, kein Gericht lobte. Das wäre ihm extrem unhöflich erschienen, denn »dann könnte die Hausfrau denken, ich hielte ihr nicht gelobtes

Essen für ungenießbar«. Wenn ihm seine dritte Frau, die 25 Jahre lang den Wiener Opernball ausgerichtet hat, eine Dose Kaviar aus dem Opernbüro mit nach Hause brachte, die sie von dankbaren Ballgästen geschenkt bekommen hatte, löffelte er die schwarze Pracht auch ohne Chesterkäse und Pumpernickel mit Vergnügen und dem beinernen Löffel auf seinen Teller, aber im Grunde war er bescheiden.

Als mein Mann und ich in den Sommerferien mit unseren Kindern, seinen Enkeln, zusammen mit ihm in Österreich, »am Land«, waren, erzählte er ihnen von früher, als er ein Bub gewesen war, und von seiner Kinderfrau.

»Sie hat eine so gute sämige Mehlsuppe gekocht«, und zu mir: »Kannst du mir vielleicht so etwas kochen?«

»O ja – eine Mehlsuppe für den Großpapa!«

Ich wusste wohl, was die beiden zu einer Mehlsuppe gesagt hätten, wenn es nicht Großpapas Mehlsuppe gewesen wäre, aber ich fragte nur: »War sie süß oder salzig?«

»Süß.«

Und dann saßen sie um den Herd herum: mein

Vater auf dem Hocker neben dem Herd, der in der Familie der Platz für den Küchenschatz genannt wurde, und die Kinder zwischen ihm und mir. Ich ließ in einer Kasserolle die Butter zerschleichen. »Jetzt das Mehl!«, befahl mein Vater, und ich löffelte es in das flüssige Fett und rührte und rührte mit dem Schneebesen, bis ein blonder Brei entstand. Dann zog ich die Kasserolle zur Vorsicht von der Flamme.

»Warum?«, fragten die Kinder fasziniert.

»Damit aus dem Blond kein Schwarz wird. Der Topfboden ist gerade heiß genug. Wer gießt mir etwas Milch hinein? Aber Vorsicht! Schluck für Schluck.«

»Ja«, sagte mein Vater, »genau so hat's unsere Dada auch gemacht! Und nun musst du den Topf wieder aufs Feuer stellen, aber nur halbe Flamme, und rühren, sicher zehn Minuten, bis es so schön samtig und sämig ist und duftet!«

Aber nun musste ich würzen. »Zucker und …?«

Ja, was war wohl außer einer Prise Salz in diesem Bubentraum von einer Mehlsuppe?

»Vanille!«, sagte der Vater entschieden.

»Pfefferminz!«, rief der Jüngste, der so gerne Pfefferminztee trank.

»Ich tät Zimt rein.« Das war der Große.

Weil es aber des Großvaters Mehlsuppe war, entschieden wir uns für Vanillezucker, und weil ich sah, dass die Suppe unterdessen ein wenig zu mollig geworden war, goss ich noch einen Schwupp Sahne dazu.

»Er muss probieren!«, riefen die Kinder, und der Vater steckte den Löffel in die Mehlsuppe, pustete, probierte vorsichtig und blinzelte mir zu – und war zufrieden. Großer Enkeljubel, und sie rissen sich darum, auch einen Teller von Großvaters Suppe aufgetan zu bekommen, und der Großvater genoss die Suppe ebenfalls, und so entstehen Familiengeschichten. Unsere lautete: »Als Großvater seine Mehlsuppe kochte …«

Aber als die Kinder im Bett lagen, müde und mild durch die mehlige Suppe im Bauch, sagte mein Vater nachdenklich: »Also irgendetwas hat gefehlt …«

Was sollte ich antworten? »Vielleicht hatte Dada sie immer ein wenig anbrennen lassen?«

»Ach«, rief er enttäuscht, »den Witz kennst du auch!« Und dann lachten wir, und als wir wieder Luft bekamen, sagte mein Vater: »Und morgen machst du mir anständige Bratkartoffeln – das kann hierzulande keiner. Ich sag dir, wie es geht!

Bratskartoffeln mit Zwiebeln und Speck. Zwiebeln und Speck musst du würfeln, in der Pfanne mit Butter anbraten, bis der Speck schwitzt, dann kommen die Pellkartoffelscheiben dazu, Pfeffer und Salz, jetzt: kräftige Hitze! Anbraten, wenden, immer weiter, bis alles heiß und lecker ist. Eigentlich ganz einfach, oder?«

Als wir am nächsten Tag wieder nach seiner Anweisung am Herd arbeiteten, er der Kopf, wir die fleißigen Hände, sagte er zufrieden zu den Kindern: »Dies sind die Kartoffeln nach ihrem Erfinder, dem Professor Brats, die echten und unverfälschten!«

Mehlsuppe und Bratskartoffeln – wie weit lag das für ihn zurück, Zeiten, in denen er glücklich war, in denen er nie hat kochen müssen. Aber er kannte sich aus, zumindest was seine Lieblingsgerichte betraf. Es gab bis zu seinem Tod immer jemanden, der ihm hätte kochen können, aber dann hatte er keinen Hunger mehr, auch keinen Appetit.

Immer wenn ich Bratkartoffeln mache, muss ich an ihn und seinen Professor Brats denken, und ich lache leise vor mich hin.

Das erste Gericht
Ein Dialog

Mein Freund Leopold, seit einiger Zeit Rentner, war nach dem Tod seiner Frau in ein Seniorenheim gezogen, in eine jener Einrichtungen, die in meiner Kindheit in Göttingen »Feierabendhaus« hießen. Ein sehr langes Gebäude mit Miniwohnungen, jede mit einem Küchenwinkel ausgestattet, in dem nur Tee oder Kaffee zubereitet werden sollte, weil es ein großes allgemeines Esszimmer und natürlich eine professionelle Küche gab.

In Leopolds Seniorenheim war alles größer. Aus der Küchenecke war eine Küchenzeile geworden, ausgestattet mit den modernsten technischen Geräten und Finessen. Aber was macht jemand wie mein Freund oder andere Männer in einer ähnlichen Situation?

Früher war auch er morgens aus dem Haus gegangen und abends wieder heimgekommen. Er wurde bekocht. Er hatte nie darüber nachgedacht, dass eine alte runzlige Möhre anders behandelt, gekocht und gewürzt werden muss als eine junge, saftige,

pralle, die gerade aus der Gartenerde gezogen worden ist.

Ich stand neben ihm vor seiner beneidenswert voll-
ständigen und blitzblanken Küchenzeile.
»Ja«, sagte Leopold, »wozu brauche ich das alles?«
»Was isst du denn gerne?«, war meine Gegenfrage.
»Bestimmt nicht Kartoffeln, Fleisch und Sauce.
Das ist mir viel zu viel. Auch zu viele Töpfe.«
»Also?«
»Darüber muss ich nachdenken«, sagte Leopold,
und ich tat es auch.
»Kochen«, begann ich, »ist Naturwissenschaft,
Chemie und Physik. Das bedeutet zuverlässige
Grundtatsachen, alle Kochvorgänge sind berechen-
bar, wenigstens einigermaßen, auf jeden Fall endlos
wiederholbar. Du hast schließlich vor langer Zeit
Naturwissenschaften studiert, also ist das nichts
Neues für dich.«
Er nickte, und ich fuhr fort.
»Du wirst das erleben, was alle Menschen an einem
Herd erleben, immer wieder, dass und unter wel-
chen Bedingungen Mehl quillt, Fett schmilzt,
Fleisch bräunt und Wasser kocht. Das ist Basiswis-
sen für Hunderte von Rezepten, für Frühstückseier,

für Suppen und Gemüse, von Reis und Pasta ganz zu schweigen.«

»Da muss ich mir ja doch alles Mögliche merken«, sagte er, merklich genervt.

»Aber nein! Du sollst dir nur ein Buch mit vielen weißen, leeren Seiten kaufen, in das du all das notierst, was du beim Kochen erlebst, was dir wichtig erscheint und was du mit der Zeit gelernt und erfahren hast. Du schlägst zum Beispiel ein Ei in die Pfanne, dann siehst du, wie das Eiweiß neblig wird und dann wunderschön weiß. Das heißt: Das Protein ist geronnen. Und selbst wenn du tausend Spiegeleier brätst: Protein wird immer bei der gleichen Temperatur von etwa 50° fest. Daraus kannst du eine Lehre ziehen: Ein Spiegelei braucht kein höllenheißes Fett in der Pfanne. Das rächt sich meistens und bekommt einen harten verbrannten Rand.«

Ich zögerte einen Augenblick, fuhr dann aber doch schnell fort.

»Sei also sanft mit dem Ei, dann hilft es dir beim nächsten Gericht, weil es nämlich eine bestimmte Menge Flüssigkeit binden kann. Auf nichts anderem beruht das Grundrezept für Saucen und Omeletts und für die köstliche Eiermilch, die alles Einzelne in der Auflaufform verbindet und im Backofen einen Gratin daraus macht.«

»Das ist ja schon fast ein Rezept«, warf Leopold ein, endlich ein wenig interessiert.

»Ja, ein Rezept ist gesammelte Erfahrung. Das brauchst du, wenn ich nicht mehr neben dir stehe und alles sage!«

»Aber ich kann dich anrufen, wenn …«

»Vielleicht musst du das gar nicht tun. Es gibt bestimmte Regeln, die das Leben in der Küche leichter machen. Und dies sind sie …«

»Sollte ich das jetzt nicht mitschreiben?«

»Das kannst du dir später notieren. Es sind nur Stichworte. Also … Du willst, sagen wir, Risotto kochen, weil du so gern Risotto isst. Also schlägst du im Kochbuch das Rezept auf und liest es durch. Regel Nummer 1: Hast du alles verstanden? Hast du alle und die richtigen Zutaten?

Regel Nummer 2 ergibt sich aus Nummer 1: Was fehlt dir für dieses Rezept? Hast du den richtigen Risotto-Reis?

Du merkst: Du brauchst einen Grundbestand, der sich aus deinen Vorlieben ergibt und den du als Vorrat anlegen solltest. Das sind zum Beispiel Pfeffer und Salz, Zucker und Öl, Butter und Sahne,

Reis und Pasta, Mehl und Grieß, Kartoffeln und Tiefkühlgemüse.

Regel Nummer 3: Der Herd. Du brauchst heute nur noch die entsprechenden Kochfelder zu drücken, und schon wird das Feld warm. Aber der Boden von Topf und Pfanne muss den gleichen Durchmesser haben wie das Kochfeld. Ist der Topf zu klein, vergeudet man Energie und kann sich verbrennen. Ist der Topf zu groß, braucht die zu kleine Hitze zu lange. Das bedeutet auch: Man vergeudet Energie und vor allem Zeit.

Noch etwas: Die meisten Kochfelder haben eine sogenannte Nachhitze. Du wirst selber merken, dass du zum Beispiel fürs Spiegelei den Herd schon abstellen kannst, wenn es sich in der Pfanne gerade gemütlich gemacht hat – die Nachhitze besorgt den Rest. Du brauchst übrigens ohnehin nicht alles bei Höchsthitze zu kochen, zu schmoren oder zu braten. Ganz im Gegenteil.

So, und nun noch ein paar allgemeine Regeln, und ich hoffe, du bist nicht beleidigt, wenn ich sage, dass das Erste und Wichtigste ist, also Regel Nummer 4: Wasch dir die Hände!«

»Weshalb denn das?« Leopold war sichtlich irritiert.

»Na, wegen der Bazillen und Bakterien.«

»Meine Großmutter sagte immer: ›Sieben Pfund Dreck muss der Mensch im Jahr essen.‹«

»Dreck? Jeder weiß heute – und du sicher auch – aus Zeitung und Fernsehen, mit welchen Giften unser Gemüse besprüht wird und wie hoch selbst das unschuldige Gemüse neben der Autobahn durch das stetige Blei- und Feinstaubbad belastet wird.«

Hier nickte Leopold zwar, aber ich spürte eine leichte Ungeduld.

»Jetzt kommt nur noch Regel Nummer 5, und der Punkt ist ebenso wichtig: Sammle alle Zutaten des Gerichts, das du kochen willst, auf dem Küchentisch. Mach sie kochfertig. Das heißt: Zieh in aller Ruhe den Brechbohnen die Fäden ab. Schäl die Sellerieknolle oder die Kartoffeln. Halbiere und entkerne die Paprikaschote usw. Schäl also, was geschält werden muss, würfle und wiege das, was gewürfelt und gewogen werden muss.«

»Das ist mir alles viel zu tüdelig. Wenn ich das schon höre! Und danach muss ich ja auch noch selber die Küche aufräumen! Nee, lass mal. Da bestell ich mir lieber eine Pizza!«

»Nein, mein Lieber, das tust du bestimmt nicht! Du müllst dich nicht aus Faulheit mit Pappschachtel und Thermopapier zu, sondern versprichst mir, gerade beim Kochen deinen Verstand zu gebrauchen und ein großer alter Umweltfreund zu werden. Regel Nummer 6: Schau dir alles, was du einkaufst, genau an. Woher es kommt. Was darin enthalten ist. Und entscheide dann, ob du es wirklich kaufen willst oder nicht. In den meisten Fällen ist es nicht nur politisch vertretbarer, sondern auch billiger, wenn du zum Beispiel nicht einen Joghurt mit naturidentischen Austauschstoffen und Himbeeraroma kaufst, sondern einen schlichten Becher Joghurt. Verrühr einfach deinen weißen, unschuldigen Joghurt mit einem Löffel Himbeer- oder Erdbeermarmelade, und schon freut sich die Umwelt.« Nun hörte mein Freund Leopold doch aufmerksam zu.

»Oder kauf einen Becher Vollmilchjoghurt, die schöne cremige griechische Sorte, nimm einen Löffel flüssigen Honig und einen Löffel gemahlene Nüsse, verrühre alles miteinander, und du wirst es genießen.«

Dann kam der große Moment, in dem mein Freund zum ersten Mal einen Topf auf den Herd stellte. Was er kochte?

Dieses erste Gericht hat keinen Namen. Ich nenne es *Mein Dreierlei*. Die Zutaten hatte ich mitgebracht, sodass Leopolds erstem Kochversuch mit meiner Hilfe und einigen Erklärungen nichts im Wege stand.

»Du schaltest also die mittlere Hitze ein und gibst etwa 2 Esslöffel Fett in den Topf, Butterschmalz oder Öl, je nach Vorrat und Belieben. Wenn das Fett geschmolzen und heiß geworden ist, gibst du eine gewürfelte Zwiebel hinein, rührst sie sanft um, bis alle Stückchen glasig aussehen. Das ist Schritt 1 vom *Dreierlei*.

Eine Zwiebel würfelt man am besten so: Schneid sie einmal senkrecht durch und leg beide Hälften mit der Schnittfläche auf einen Teller. So haben die Hälften einen festen Stand und rutschen dir nicht unterm Messer weg. Jetzt kannst du ihnen die beiden äußeren Pellen einfach abziehen. Dann schneidest du mit einem scharfen Messer jede nackte Hälfte vom Schwanz zur Wurzel zuerst längs und dann quer ein paarmal durch. Fertig.

Jetzt kommt Schritt 2: Du zerschneidest ein Stück Zucchino, eine Mohrrübe und eine Kartoffel in Würfel, schüttest das klein gewürfelte Gemüse dazu und rührst um. Du gibst eine Prise Salz dazu und pfefferst. Eine Prise Zucker ist immer gut, auch ein grünes Kraut wie Petersilie oder Dill.

Saftige Gemüse werden übrigens gedünstet. Dünsten heißt garen im eigenen Saft. Feste Gemüse bekommen so viel Flüssigkeit, Wasser, Wein, Gemüse- oder Fleischbrühe, dass sie gerade bedeckt sind und schmoren. Schmoren heißt garen in fremder Flüssigkeit.

Schritt 3: Du deckst das Gemüse zu und lässt es 10 bis 20 Minuten friedlich vor sich hin garen.«

Es war eine Freude zu sehen, wie hingebungsvoll Leopold mit dem *Dreierlei* hantierte.

»Ich habe uns übrigens zwei Wiener Würstchen mitgebracht, die du jetzt zum Gemüse in den Topf tun und sie in ihrem warmen Bett heiß werden lassen kannst.«

Im Hintergrund spielte leise das Amadeus-Quartett Schubert. Leopold hatte seine Lieblingsplatte aufgelegt. Er verteilte sein erstes Gericht vorsichtig auf zwei Teller, und wir setzten uns auf seinen kleinen Balkon. Als Nachtisch gab es Mokka aus der neuen Kaffeemaschine und Marzipan.

Eingeladen beim Küchenschatz

Wenn man gern kocht, gern für Gäste kocht, meinen viele, man sei ein wahrer Tausendsassa und könne auch die Erzengel oder die Schwiegermutter vor lauter Wonne zum Schmatzen bringen.

Das meinte auch einer unserer ältesten Freunde, dessen Frau ihn mit den Kindern verlassen hatte. Es dauerte nicht lange, da kam er und fragte: »Weißt du noch, was ein Küchenschatz ist?«

Natürlich wusste ich das. Ein Küchenschatz hatte den Platz neben dem Herd, auf dem klassischen Hocker für Besucher, und da saß er und schaute der Köchin und den Küchenmädchen zu, wie sie hackten und rollten und würzten und am Spieß brieten, und wenn es etwas zu probieren gab, warteten sie gespannt auf sein Urteil. Und wenn etwas fertig war, schoben sie ihm die Kostprobe hin. Manchmal war der Küchenschatz wirklich der Verlobte der Köchin, aber ich habe auch den Postboten oder den Gärtner auf dem Hocker sitzen sehen.

»Richtig«, sagte unser Freund, »und jetzt will ich

dein Küchenschatz sein«, und erklärte seinen Plan. »Immer wenn ich Zeit habe und du gerade kochst, setz ich mich auf den Hocker für den Küchenschatz und schaue zu.«

Das machte er wahrhaftig, und irgendwie klappte es auch ohne große Terminabsprache. Er saß da, Bleistift und Notizbuch auf dem Schoß, schaute zu und fragte: »Warum machst du das so? Wie hast du das vorbereitet? Warum kommt das zuletzt dazu?« Und so weiter.

Wir kannten uns so gut, dass mich die Fragerei nicht nervös machte. Im Gegenteil. Ich fing an, über bestimmte Kochvorgänge nachzudenken. Waren die nicht zu kompliziert für ihn? Wie konnte ich sie für ihn vereinfachen, ohne dass etwas verloren ging?

Mein Mann nannte unsere Zweisamkeit am Herd die »Lehrstunde der Nachtigall«. Irgendwann fragte er: »Will der ewig in deiner Küche hocken?«

Doch kurz darauf kam das Ende der »Lehrstunden der Nachtigall« ganz von selbst: Unser Freund lud uns zu einem Abendessen ein. »Damit ihr seht, dass ich was gelernt habe!«

Mein Mann fragte mich: »Sollen wir nicht vorher ein dickes Leberwurstbrot essen?«

»Weil alles ungenießbar sein wird?«

Er nickte. Er aß freilich kein Leberwurstbrot und hätte es nicht im Geringsten als Lebensrettung gebraucht, denn das Essen war vorzüglich. Der Freund hatte sich etwas Einfaches ausgesucht, wenig Geschirr, und er musste nur einmal in die Küche.

Es gab zuerst eine doppelte Fleischbrühe, dazu eine Schüssel voll geröstetem Weißbrot.

Das wird in hauchdünne Scheiben geschnitten, zu Kreisen ausgestochen, mit Olivenöl bepinselt, leicht gesalzen und mit einer halben Knoblauch-zehe eingerieben, auf ein Backblech gelegt, in den auf 200° vorgeheizten Ofen geschoben und gerös-tet, bis es blond ist.

Mit den leeren Suppentassen auf einem Tablett ging der Gastgeber in die Küche und kam mit einem schönen zugedeckten Schmortopf zurück. Darin hatte das Hauptgericht friedlich im abge-stellten, aber noch warmen Ofen gewartet:

Gelegtes Kraut

Zuerst dünstet man Sauerkraut, ungefähr 500 g, in einer schönen fetten Fleischbrühe, ungefähr ½ Stunde. Dann werden 3 Zwiebeln in Scheiben geschnitten, in der Pfanne glasig gedünstet. Unterdessen werden 2 Tassen Reis gar gekocht, abgegossen und mit Salz und Pfeffer gewürzt, und schließlich werden 750 g gemischtes Hackfleisch mit Salz, Pfeffer, 1 TL Paprikapulver edelsüß und beliebig Kräutern wie Thymian oder Majoran oder Oregano gemischt. Als Letztes wird eine ungarische Schweinswurst Kolbacz in Scheiben geschnitten und schnell auf beiden Seiten gebraten.

Jetzt wird geschichtet: Kraut, Hack, Wurstscheiben, Reis, gut ¼ l Sauerrahm, der gleichmäßig auf alles gegossen wird. So wird das gelegte Kraut in den auf 180–200° vorgeheizten Ofen geschoben, ist in ¼ Stunde fertig, kann aber in der letzten Wärme des abgeschalteten Ofens bis zu ½ Stunde darauf warten, dass die Gäste mit der Vorspeise fertig sind.

Als Dessert gab es wie bei Goethe eine seiner Lieblingstorten. Der Herr Geheimrat liebte an sich nur Obst und Käse als Dessert, ließ aber für seine Gäste immer auch Kuchen backen.

Goethes Obsttorte

Zuerst wird ein Mürbteig aus 250 g Mehl, 150 g Butter, 100 g Zucker und 1 Ei geknetet, rasten gelassen, ausgerollt und in die Springform gefüllt.

Das sind die Zutaten für die Creme: je 100 g weich gerührte Butter, Zucker und gemahlene Mandeln, 1 Beutel Vanillezucker, 1 Prise Salz und 2 Eigelb

Mehl, Butter, Zucker, Salz und Mandeln werden in einer Kasserolle verrührt, bei kleiner Hitze einmal aufgekocht und dann, abgekühlt, mit den beiden Eigelben vermischt. Die Masse wird auf den Mürbteigboden gegossen, glatt gestrichen und mit Himbeeren oder Johannisbeeren besetzt. Bei mittlerer Hitze auf der mittleren Schiene etwa 30 Minuten backen. Besonders gut, wenn man die Torte noch heiß mit durchpassierter, nicht zu süßer Aprikosenmarmelade überzieht.

Die Torte wurde zu Goethes Geburtstag am 28. August 1827 gebacken, und ein Gratulant erzählt davon: »Auch wurden in kleinen Gläsern seltene Schnäpse, wie auch feuchter Obstkuchen auf Tellern mit Gabeln präsentiert ...«

Es war ein köstliches Abendessen, und wir merkten, was Kochen bewirken kann: Unser Freund war nicht in Melancholie versunken, er hatte Eigeninitiative entwickelt und etwas entdeckt, was ihm Freude machte und bei dem er sein Alleinsein vergessen konnte.

Von kreolischen Tomaten

Er war ein Vetter meines Mannes. Seine Frau stürzte, kam in die Klinik, lag dort wochenlang, und er besuchte sie jeden Nachmittag. Sie sah, wie er dünn und elend wurde, und fragte: »Was hast du heute zu Mittag gegessen?«

»Ich weiß es nicht«, antwortete er, »ist auch nicht so wichtig.«

»Und ob es das ist«, entgegnete sie.

»Ich setz mich doch nicht allein in ein Restaurant!«, sagte er. »Außerdem stellt mir die Nachbarin manchmal etwas vor die Tür.«

Das machte seine Frau nachdenklich. Er hatte nie gekocht, das war ihr Ressort gewesen. Sie liebte es, für ihn und auch für viele Gäste zu kochen, aber sie hatte nie daran gedacht, was aus ihm würde, wenn sie krank werden sollte. Also sagte sie zu ihm: »Bring morgen ein Notizbuch mit!«, und begann, ihm jeden Tag zu diktieren, was er am Vormittag oder auf dem Heimweg einkaufen sollte und was er daraus für sich kochen konnte.

Sie beschrieb ihm die Herstellung eines seiner Lieblingsgerichte, aber das ging natürlich schief, weil es viel zu kompliziert war und viel zu viel Vorkenntnisse voraussetzte, und er sagte: »Lass das doch! Ich kann mir doch auf dem Heimweg eins von diesen warmen Gerichten in Papptüten kaufen!«

»Das tust du ganz bestimmt nicht!«, rief sie wieder. »Wir fangen noch einmal von vorne an.« Unterdessen war ihr Ehrgeiz geweckt, und die Sache fing an, ihr Spaß zu machen.

Sie begann wortwörtlich von vorne. Er hatte sich noch nie einen Frühstückstee aufgegossen. Also lernte er alles über den Unterschied zwischen Darjeeling und Assam, über Zucker und Kandis, und dann erzählte er ihr die Geschichte von den englischen Spioninnen im Zweiten Weltkrieg, die in Frankreich mit einem kleinen Sender eingesetzt und dadurch entlarvt wurden, dass sie sich im Café auf echt britische Art und Weise zuerst die Milch in die Tasse gossen und dann erst den Tee.

Am nächsten Tag war das Rührei an der Reihe und dann der Haferbrei, und als er es geschafft hatte, ihn nicht anbrennen zu lassen, wusste sie, dass es sinnvoll war, mit dieser Schule weiterzumachen.

»Ich dachte«, sagte sie später, »dass ich nie mehr aus dieser verdammten Klinik herauskäme, und er sollte ja kein Sternekoch werden, sondern nur ein Mann, der sein Essen richtig beurteilen und herstellen kann, was ihm schmeckt. Und gleichzeitig guttut.«

Er hatte unterdessen Pasta kochen gelernt und festgestellt, dass ihm ein besonderer Nudeltopf besser als alles andere schmeckte.

Kreolische Tomaten

3 fein gewiegte Zwiebeln werden in 1 EL Butter oder Öl angedünstet, mit je ½ Tasse fein gewiegtem gekochtem Schinken und gekochtem Hühnerfleisch durchgedünstet. Unterdessen werden 6 Tomaten gewürfelt und mit 1 Prise Thymian, Salz, Cayennepfeffer, Zucker und Salbei mit dem Zwiebelfleisch vermengt. Vorher wird Wasser für die Nudeln aufgesetzt und gesalzen, und während die Tomaten auf schwacher Hitze gar werden, 500 g Makkaroni oder Schleifen- oder Schmetterlingsnudeln in das kochende Wasser geben und einmal aufkochen und dann gar ziehen lassen. Nach 10 Minuten ein Nüdelchen herausfischen und probieren, ob es schon gar ist. Dann in einen Durchschlag gießen und so viel Nudeln in eine vorgewärmte Schüssel füllen, wie man essen möchte. Anschließend das Tomatenfleisch daraufgeben.

Die restlichen Nudeln und Tomaten werden in kleine Schüsseln gefüllt, die man zudecken kann, und in den Kühlschrank gestellt, sodass sie am nächsten oder übernächsten Tag gegessen werden können.

Die Frau des Vetters kam aus dem Krankenhaus wieder in ihr Leben und in ihre Küche zurück. Sie sagte nichts über das Chaos, das er unterdessen angerichtet hatte, und sie merkte dabei, dass sie selbst wohl nie wieder so würde wirtschaften können wie früher.

Ja, sie weinte, aber nur ein Mal. Sie dachte an den »Vogel auf dem Leim« von Wilhelm Busch: »... Und weil mich doch der Kater frisst, / So will ich keine Zeit verlieren, / Will noch ein wenig quinquilieren / Und lustig pfeifen wie zuvor. / Der Vogel, scheint mir, hat Humor.«

Sie wollte nicht nur quinquilieren, sie bat eine Nichte um Hilfe, und die beiden spülten, scheuerten, warfen weg und räumten um, denn »wer weiß, wie lang mir noch vergönnt ist, und wir wollen es ihm vernünftig einrichten«.

Im Sommer besuchten wir sie in München in ihrer Wohnung mit den hohen Bücherwänden. Ich klingelte, die Tür sprang auf, und da stand sie mit ihrem

Rollator, warf die Arme in die Höhe und rief: »Gräfin, das Alter ist grässlich!«

Er stand hinter ihr und stützte sie, und sie sagte: »Ihr habt Glück, er hat heute zum ersten Mal ein Rindfleisch gekocht, ein schönes großes Stück.«

»Ja«, sagte er, »das habe ich gerade in deinem Buch über Goethe gelesen. Für ihn gehörte ein Stück Rindfleisch zu jedem Mittagessen. Aber es hat immer verschiedene Saucen dazu gegeben. Heute hab ich eine davon ausprobiert, eine *Meerrettich-Sauce*. Ihr müsst das gleich kosten.«

Gesottenes Rindfleisch

1 ½ kg Rindfleisch aus Schulter oder Hüfte, 2 Zwiebeln, 2–3 Mohrrüben, 1 Stück Knollensellerie, 1–2 Zweige Liebstöckel, 1 Petersilienwurzel, 2 Lorbeerblätter, 10 Pfefferkörner, Wasser oder Fleischbrühe, Rotwein, Salz und Pfeffer

Das Fleisch wird gewaschen und gut trocken getupft, die Zwiebeln geschält und halbiert und mit den Schnittflächen nach unten in den trockenen Suppentopf gelegt. Wenn sie zu bräunen beginnen, das übrige geputzte Suppengemüse samt Gewürzen und Kräutern dazugeben, mit etwa 1 l Wasser oder Fleischbrühe aufgießen und kochen lassen. Dann das Fleisch hin-

einlegen. Wenn das Wasser wieder kocht, das Fleisch umdrehen und die Hitze vermindern. Es soll nur gerade so viel kochen, dass sich das Wasser kräuselt. Von Zeit zu Zeit etwas Rotwein dazugießen und alles etwa 2 Stunden leise garen lassen.

Meerrettich-Sauce
1 EL Mehl in 1 EL Butter golden rösten, mit Sahne aufgießen und rühren, mit Pfeffer und Salz würzen und bei schwacher Hitze 10 Minuten kochen lassen. Direkt vorm Servieren so viel frisch gerissenen Meerrettich in die Sauce rühren, wie man mag oder der Schärfe wegen verträgt. Nachwürzen und mit Zitronensaft abschmecken.

Wir setzten uns an den Tisch. Zuerst bekam jeder eine Tasse von der Bouillon, in der das Fleisch gekocht worden war. Dann schnitt der Vetter das saftige, zarte Fleisch in Scheiben.

Das Essen war sein Meisterstück, und seine Frau war beruhigt: »Er hat das Wichtigste begriffen – wie man das eine vom anderen ableiten kann. Wenn man einmal Fleisch gekocht hat und ein bisschen logisch denken kann, gelingt einem fast jedes andere Fleisch.«

Ein Zufallsgericht und
andere Schmarren

Nach dem Essen zeigte mir der Vetter sein Kochtagebuch, das er auf Anweisung seiner Frau gekauft hatte. Auf der linken Seite notiere er, wie er stolz erläuterte, jeweils das Grundrezept und auf der rechten alles, was er an Zutaten, vor allem Kräutern oder Gewürzen, geändert habe oder was ihm fast schiefgegangen wäre und wie es ihm geschmeckt habe.

Manche Gerichte hatte er gezeichnet und auf andere Seiten Ausschnitte aus einer Zeitung oder der Verpackung geklebt.

Ganz unten stand: »Ergänzungen«.

Im Fall des Rindfleisch-Menüs: »Fleischrest in zwei oder drei Stücke schneiden und im Gefrierbeutel einfrieren. Bouillon durchs Sieb gießen, das Suppengemüse am nächsten Tag mit Reis oder Kartoffelmus servieren. Die Bouillon wird in den Kasten für Eiswürfel gegossen und auch eingefroren. Ein oder zwei Würfel ergeben in der nächsten Zeit eine Tasse heiße Brühe oder zwei oder drei Würfel die Flüssigkeit für ein Schmorgericht. Oder die Flüssigkeit für einen Topf voll gemischtem Gemüse« – und so weiter.

Und dann sagte er: »Ich hab über der Fleischkocherei die Kartoffeln entdeckt. Ich kaufe das Gemüse auf dem Markt ein, und ich bin bei einem Bauern gelandet, der genau weiß, was ich brauche: mehlige Kartoffeln für mein einfachstes Essen, Pellkartoffeln, schön aufgeplatzt und heiß, mit Butter und Salz oder mit Zaziki. Einmal hab ich sogar gedacht, ich hätte ein neues Gericht erfunden …« Er lachte. »Mir ist beim Kartoffelpellen eine gleich in die Pfanne gerutscht, und da hab ich sie einfach mit der Bratschaufel klein gehackt, ordentlich Butter dazugegeben, Salz und mein Kartoffelgewürz – und dann hab ich aber bei der Prato gelesen, dass man so schon seit Ewigkeiten einen hundsordinären *Erdäpfelschmarren* macht, wie sie es nennt.«

Durch diesen Zufall hatte er in der Tat den *Schmarren* entdeckt. Katharina Prato, Edle v. Schweiger, hat Mitte des 19. Jahrhunderts das Grundkochbuch über die *Süddeutsche Küche* geschrieben, über die hochherrschaftliche, aber auch alpine und bäuerliche Küche. Da gab es noch keinen Backofen, nur den Herd und den Bratspieß, und was nicht im Topf gekocht wurde, kam in die eine Pfanne, ins Fett, und erhielt Namen, wie sie zum Räuber Hotzenplotz gepasst hätten: Tommerl, Dalken, Krapfen, Schlosserbuben, Polsterzipf, gebackene Mäuse, Hasenöhrl oder Spaßvögel. Und Schmarren: aus Erdäpfeln, Semmeln, Grieß, Polenta, Mehl, im Sommer mit Kirschen und Äpfeln, an Sonn- oder Feiertagen mit Rosinen – den *Kaiserschmarren*.

Der Alltags-(Kartoffel-)Schmarren
ist – das sieht man auf den ersten Blick – Resteküche. Unserem Vetter war sein erster Schmarren wie von selbst und deshalb klassisch entstanden. Vielleicht röstet er das nächste Mal zuerst Zwiebelwürfel an. Und wenn alles samt den zerhackten Kartoffeln in Schmalz oder Butter zischelt und bräunt, wird ein Zweig Petersilie zerzupft und krönt den Schmarren. Soll der Schmarren vollkommen sein, gibt es dazu einen Blattsalat, der mit Kürbiskernöl angemacht wird.

Semmelschmarren
Wenn Semmeln übrig sind, werden sie gewürfelt, mit etwas Milch befeuchtet, die mit einem Ei verquirlt worden ist. Sie werden dann leicht gezuckert und kommen in heiße Butter.

Grießschmarren

Und wenn unser Vetter einen Brei aus Grieß oder Po-
lenta übrig haben sollte, wird der wie die Kartoffeln
zerhackt und in reichlich Butter geröstet.

Nur der *Kaiserschmarren*, der aus Österreich stammt,
ist ein Gericht mit eigenem Rezept, aber wenn sich
der Vetter schon einmal an einen Grießbrei, dazu
etwas selbst gekochten Apfelkompott, gewagt haben wird, gelingt ihm auch dieser Schmarren.

Kaiserschmarren

Man verquirlt 50 g Mehl, 20 g feinen Zucker oder
Puderzucker, 1 Prise Salz, 2 Eigelb und $1/8$ l Milch oder
Sahne samt 30 g zerlassener Butter zu einem glatten,
aber nicht allzu dickflüssigen Teig. Den lässt man
friedlich 10 Minuten ruhen, schlägt unterdessen das
Eiweiß mit 1 Prise Salz zu steifem Schnee, hebt ihn
unter den Teig, zerlässt 30 g Butter in einer großen
Pfanne, gießt den Teig auf einmal hinein, bestreut ihn
mit 30 g in Rum eingeweichten Rosinen und lässt den
Teig einmal anbacken. Dann nimmt man zwei Gabeln,
zerreißt ihn in Stücke, gibt immer wieder Butter nach,
damit diese Brocken schön rundherum bräunen kön-
nen. Zum Schluss wird alles mit Zucker bestreut oder

mit Zucker und Zimt und kommt auf einen möglichst
vorgewärmten Teller.

Dazu gibt es einen ganz trocken gebratenen

Zwetschgenröster
Die Zwetschgen werden entsteint, geviertelt und in
heißer Butter ohne Flüssigkeit, aber vielleicht mit 1 EL
Zucker gerührt und gewendet, bis sie gar sind.

Auf diese Art und Weise könnte sich der Vetter
auch einen *Apfelröster* oder einen *Marillenröster*
herstellen. Es muss zum Schmarren oder zum
Pfannkuchen immer etwas Trockenes als Beilage
geben, denn jeglicher Saft würde den armen Kaiserschmarren zu einem Matsch aufweichen.

Apfelröster
2 Äpfel schälen und in dünne Scheiben schneiden.
Diese in einer Schüssel mit so viel Weißwein begießen,
dass sie gerade bedeckt sind. Zudecken und mindes-
tens 1 Stunde stehen lassen. Dann den Wein abgießen
und die Scheibchen auf einem Küchentuch ausbreiten,
sodass sie trocknen. Nun in 2 EL Butter oder Butter-
schmalz in der Pfanne vorsichtig drehen und auf Mit-

telhitze dünsten, bis sie gar sind und weich, aber nicht zerfallen. Zuckern, mit Kardamom oder Zimt nach Belieben würzen. Mag man es gern pikant, nimmt man Ingwer oder Pfeffervanille.

In einem Porzellan- oder Glasgefäß mit Deckel im Kühlschrank aufheben und zu Flädle, Eis, Vanillepudding, Grießnocken, Quarkcreme oder Vollmilchjoghurt essen. Oder ohne Zucker zu einer Scheibe Rehbraten, einer Bratwurst oder gekochtem Rindfleisch.

Aber dann sagte der Vetter plötzlich und schaute mich fragend an: »Und was ist mit dem Fett? Es gibt viel zu viel Fett bei diesen Rezepten. Ich glaube, ich streiche sie besser.«

Ich habe nichts gegen gesunde Ernährung, aber in diesem Fall sagte ich auch zu ihm das, was ich jedem in dieser Situation sage, und nahm ihm den Bleistift aus der Hand: »Koch, was dir schmeckt! Wir essen eh nur noch kleine Portionen. Wir essen nicht jeden Tag Schmarren. Wir haben viele Tage, an denen uns eine Tasse Fleischbrühe reicht oder ein Gemüsegericht. Und wir wissen nicht, wie viele Tage uns noch vergönnt sind.«

Und dann war der Vetter und Freund wirklich allein. Er rief an. Er sagte nur: »Ach …«

Beim nächsten Besuch bekamen mein Mann und ich Nudeln in Tomatensauce, serviert mithilfe des umfunktionierten Rollators auf viel zu kleinen Tellern.

Er und mein Mann bekleckerten sich gehörig, aber er konnte darüber lachen, und die beiden Vettern erzählten sich bis in die Nacht hinein Geschichten von ihrer Familie. Ich spülte das Geschirr und räumte aus Kühlschrank und Speisekammer alles Vertrocknete und Verdorbene und stopfte es in eine große Tüte. Ich wusste nicht, wo in seinem Haus die Abfalltonnen standen, und nahm die Tüte mit und stopfte sie bei fremden Leuten wahrscheinlich in die falsche Tonne, aber das war mir an diesem Tag egal.

Wie Liebe einen Mann emanzipierte und zum Selber-Kochen brachte

Er war Witwer, hatte eine erwachsene Tochter und eine Geliebte, die versuchte, ihn mit allen Tricks an sich zu ketten. Er aber reagierte mit Schweigen, und bei Sätzen wie: »Es wäre doch alles viel leichter, wenn ich zu dir ziehen könnte …«, überfiel ihn totale Taubheit. So schleppte sie, als er in der Klinik gewesen war und nun wieder im eigenen Bett lag und sich zugegebenermaßen noch schwach fühlte, einen sicher Fünflitersuppentopf mit einer dieser heilsamen Hühnerbrühen herbei und stellte ihn triumphierend auf den Herd.

Ich besuchte ihn am nächsten oder übernächsten Tag und bekam gerade Hühnerbrühe statt Tee serviert, als die Wohnungstür unter großem Krach aufgerissen wurde und die Tochter, auch mit einem Fünflitersuppentopf bewaffnet, in die Küche stürmte. Sie sah den Topf der Geliebten, stieß einen wütenden Schrei aus, goss die Suppe ins Klo, stellte ihren Topf auf den Herd und sagte zufrieden: »Das wollen wir gar nicht erst einführen!«

Ich weiß nicht, wie lange der Suppenkrieg gedauert

hat, aber bei meinem nächsten Besuch saß der Freund im Sessel und las in einem Kochbuch.

»Gut, dass du kommst«, sagte er und schwenkte einen Zettel, auf dem er alles notiert hatte, was er nicht verstand.

»Und die Suppen?«, fragte ich, und er antwortete: »Ich koche jetzt!«

Er wollte freilich gar nicht kochen lernen. Er wollte nur das zubereiten können, was er zu Mittag oder zu Abend essen wollte. Er hatte Lieblingsgerichte, und wir probierten sie in den nächsten Wochen durch. Manche waren zu kompliziert, andere erforderten doch ein gewisses Geschick, manche gelangen ihm nicht so, wie er sie in Erinnerung hatte. Es blieben ein halbes Dutzend, darunter:

Spinatsalat mit Pilzen

Eine Packung Blattspinat auftauen, im Sieb etwas abtropfen und ihn etwas bissgerechter schneiden. Dann 1 EL Butter in der Pfanne zerschmelzen, den Spinat hineingeben, umrühren und mit einer Messerspitze Salz, etwas Pfeffer und 1 Prise Muskatnuss würzen. Die Spinatblätter etwa 3 Minuten durchkochen und dann auf eine Salatplatte legen. Unterdessen eine Handvoll brauner Champignons putzen und blättrig

schneiden, in Olivenöl rasch anbraten, auf die Spinatblätter schütten, salzen und pfeffern. Dann das
Ganze mit Zitronensaft oder etwas Weinessig und
vielleicht noch 1 EL Öl beträufeln. Wenn alles abgekühlt ist, mit Baguette oder Bauernbrot servieren.

Mohrrübensuppe

500 g Mohrrüben, 1 Gemüsezwiebel, 250 g Kartoffeln,
nach Belieben und Vorrat ein Stückchen Sellerie oder
Petersilienwurzel, alles geputzt und gewürfelt, in heißem Fett andünsten, mit Salz und Pfeffer würzen und
mit gut 1 l Fleischbrühe aufgießen. Aufkochen lassen,
dann die Hitze vermindern und die Suppe 30–40
Minuten leise simmern lassen. Simmern bedeutet:
kein Wallen und Sprudeln, sondern gelegentlich ein
»Blubb Blubb«. Wenn die Suppengemüse weich sind,
werden sie durchs Sieb gestrichen oder mit dem Pürier-
stab glatt gerührt.
Diese Menge reicht gut für zwei bis drei Mahlzeiten,
kann eingefroren oder im Kühlschrank aufgehoben
und immer anders ergänzt werden. Man kann eine
Scheibe altbackenes Brot in Würfelchen schneiden
und in Butter heiß und kross braten, mit Pfeffer oder
Curry oder Kurkuma würzen und im letzten Moment
auf die Suppe schütten.

Huhn im Mantel

Eine Hähnchenbrust, gekocht, schräg in 3 oder 4 kleine Scheiben schneiden. Im Mörser 2–3 Pfefferkörner, ½ TL grobes Salz, ½ TL getrockneten Salbei oder Rosmarinspitzen und 1–2 Körner Piment zerstoßen. Die Mischung in einer kleinen Schüssel mit 1 gestrichenen EL Mehl oder feinen Semmelbröseln vermengen und die Hühnerscheibchen darin wälzen. In einer Pfanne, in der schon heißes Olivenöl wartet, von beiden Seiten rasch anbraten. Dann jedes Scheibchen mit einem ebenso großen Stück gekochtem Schinken, dünn geschnitten, und einer Scheibe Gruyère zudecken. Nur noch ein bisschen heiß werden lassen, dann sind es wunderbare Happen zum Tomatensalat oder einem Klecks Kartoffelmus.

Bunter Fisch

Ein Stück Lengfisch oder ein großes Zanderfilet kaufen. Mit ein paar Tropfen Zitronensaft und ein paar Krümeln Meersalz beträufeln. Eine große Zwiebel schälen, in Ringe schneiden und in heißem Öl kurz anbraten. Eine halbe Paprikaschote entkernen, in Streifen schneiden und zur Zwiebel geben. Umrühren und gelegentlich noch einmal umrühren, aber nach 5 Minuten die Hitze vermindern und den Topf zu-

decken. Unterdessen 2–3 Tomaten pellen, in Achtel schneiden, zum Gemüse geben. Jetzt das Fischfilet von beiden Seiten in Butter einen Moment anbraten, aufs Gemüse legen, ein bisschen darunterschieben, mit Butterflöckchen besetzen und im geschlossenen Topf etwa 10 Minuten gar dünsten. Gar ist der Fisch, wenn sein rosa Fleisch überall weiß geworden ist. In den 10 Minuten die Petersilie fein wiegen, vielleicht einen Zweig Dill dazulegen und die Kräuter nun auf das Gericht streuen. Man kann den Fisch auch vorher in mundgerechte Bissen schneiden.

Alle vier Rezepte sind leicht zu bewerkstelligen. Gekocht ist nur die *Mohrrübensuppe.* Der Fisch wird lediglich in sein Gemüse gelegt, das Huhn bekommt etwas aufgepackt, und den Blattspinat im kulinarischen Sinn genießbar zu machen ist kein großes Kunststück.

Um das folgende Gericht vom Anfang des 20. Jahrhunderts, eins der leckersten und gleichzeitig schönsten, das, ohne zu kochen, auf den Tisch kommt, rankt sich eine Legende, nach der ein Mann mit einer Gruppe von Freunden kurz vor Mitternacht nach Hause gekommen sein und seinem Koch befohlen haben soll, ein leichtes Abendessen zu servieren. Der war natürlich nicht darauf vorbereitet, verlor aber nicht die Nerven, sondern stellte auf den Küchentisch, was in Keller und Speisekammer vorhanden war, schaute sich alles an und kombinierte einiges zu einem kalten Gericht. Es fand begeisterten Beifall, und weil diese Geschichte in Nizza spielte, nannten sie sein Mitternachts-Reste-Essen *Salade niçoise*, und der Koch nahm es in sein Repertoire auf.

Inzwischen gibt es zahllose Spielarten. Grüne Brechbohnen, Kartoffeln und Tomaten, Kapern und Sardellenfiletstreifen müssen unbedingt dabei sein, sonst verdient der *Salat aus Nizza* seinen Namen nicht, und auf jeden Fall grüne Oliven. Hier das Rezept:

Salat aus Nizza

Prinzessböhnchen, Tomatenachtel und Würfel von gekochten Pellkartoffeln werden in einer beliebigen Essig-Öl-Marinade geschwenkt, gesalzen und gepfeffert und mit grünen Oliven, Kapern und Sardellenfiletstreifen garniert.

Der Mann, den die Liebe emanzipiert und zum Selber-Kochen gebracht hatte, besaß inzwischen ein Kochtagebuch, und als er dieses Rezept eintrug, fragte er mich: »Ist das nun ein Grundrezept oder Resteverwertung?«

Es gehört sowohl in die eine wie in die andere Kategorie. Besonders wichtig aber ist die Resteverwertung. Kleine Reste kommen in den Kühlschrank und sollten am nächsten Tag weiterverwendet werden in Suppen, Salaten, Gratins, denn auch sie haben wie alle Vorräte kein ewiges Leben. Größere Reste abgekühlt einfrieren und auf jeden Fall datieren, also einen Sticker mit Datum und Inhaltsangabe auf das Tiefkühlpäckchen kleben.

Toast Monsieur Henry und
Ludwigs Salat

Das Kind eines anderen, manchmal einsamen Mannes erkannte voll Liebe, dass dieser nie über das Eierkochen und das Teeaufbrühen hinauskommen würde. Deshalb erfand Henry, unser ältester Sohn, wenn ich zum Beispiel wegen der Buchmesse oder Vortragsreisen die Familie allein ließ, für den Vater einen Abendimbiss.

Wir besuchten oft den anderen Teil der Familie in Paris, und dort hatte Henry den *Croque Monsieur* kennengelernt. Genau so etwas wollte er für den Vater herstellen, wusste aber nicht, wie das Ganze so kross werden konnte, wie er es in Erinnerung hatte. Also übte er mit Toastbrot. Er fragte niemanden um Rat. Er wollte es selber bewerkstelligen. Ich weiß nicht, wie viele Stangen Toastbrot er getoastet, gebraten oder verbrannt hat, aber schließlich war er fertig, sein

Toast Monsieur Henry
2 Scheiben Toastbrot toasten, beide auf einer Seite mit Kräuterbutter bestreichen. Auf eine Scheibe zusätzlich

ganz dünn scharfen Senf streichen, 1 Salatblatt, toast-
scheibengroß zurechtgeschnitten, 2 EL Würfelschinken
oder Nordseekrabben daraufgeben, mit der anderen
Scheibe zudecken, in Butterbrotpapier einwickeln und
mit einem dicken Kochbuch beschweren.

Mit Liebe hatten auch die Experimente seines jüngeren Bruders zu tun, aber nicht zu einem Menschen, sondern zu einer Zutat. Wir reisten damals in den Schulferien der Kinder zu meiner Familie in Österreich in einen kleinen Ort, in dem die Tomaten noch Paradeiser hießen, so gepflückt, dass sie fast noch warm von der Sonne waren, und so süß und tomatig im Geschmack, wie man es von einer Frucht erwarten kann, die das Paradies im Namen hat.

Ludwig, der Bruder, nahm ein Schneidebrett, legte die erste Tomate darauf und säbelte mit dem Frühstücksmesser darauf herum. Das führte dazu, dass der Großvater ihm zeigte, welches Messer man am besten für Tomaten nimmt und wie man es benutzt. Die Küche in der Gästeecke des Hauses war klein, also zogen sich Großmutter, Mutter und Bruder schweigend zurück und überließen dem Ältesten und dem Jüngsten der Familie, Großvater und Enkel, das Terrain, und die beiden legten los. Da war die große Salatschüssel. Dort die schon in Scheiben geschnittenen Tomaten. Keiner von beiden konnte kochen, also sammelten sie aus Speise- und Kühlschrank alles, was nur essbar war: ein Rest Bandnudeln, die der Enkel so gern aß, Thunfisch aus der Dose, Großvaters Lieblingskonserve, Perlzwiebeln aus einem Glas, Paprikapulver, das meinem Vater wichtig war, Ketchup, weil der Enkel gerade in der Ketchup-Phase war, Salz, Pfeffer, Petersilie, Zitronenmelisse. »Ach, fast hätte ich das Öl und den Zitronensaft vergessen!« Da war noch eine Pellkartoffel. »Nein, nein, die passt nicht zu den Nudeln.« Aber vielleicht die Selleriestange? Ist schon ein bisschen lasch. »Aber da ist noch ein Rest Extrawurst!« Und es gab noch eine Tube Mayonnaise. So ging es sicher eine Stunde hin und her, der Großvater erzählte Witze, die mit den Zutaten zusammenhingen, und Anekdoten über Leute, die mit den Zutaten etwas zu tun oder etwas Komisches erlebt hatten.

Das Ergebnis war ein kulinarisches Ungeheuer, aber keiner sagte: »In den Müll damit!« Im Gegenteil: Großvater und Enkel schleppten die Salatschüssel in den Park hinunter, unter die Weltesche, wie wir den Baum nannten, der mit seinen Ästen eine Schattenhalle bildete, und wer vorbeikam, blieb neugierig stehen, hörte: »Das ist Ludwigs Salat!« Und jeder bekam eine Kostprobe und war begeistert.

Ludwigs Salat gehört ebenfalls in die Kategorie »Mahlzeiten ohne Kochen«, aber als Grundrezept lehrt er viel mehr:

1. Es ist zu und zu schön, mit jemandem gemeinsam zu kochen, den man gern hat.

2. Man kann nicht früh genug mit den Küchentätigkeiten beginnen, an die sich vielleicht erst Jahre oder Jahrzehnte später das Kind von einst, unterdessen ein großer alter Mann geworden, erinnert: an Gerichte gegen alle Regeln, an die Freiheit der Fantasie und den Genuss.

3. Ludwig konnte seine geliebten Tomaten aus dem Endprodukt kaum mehr herausschmecken. Sie waren von dem restlichen Vielerlei übertönt, erstickt, ihrer unvergleichlichen Natur beraubt worden. So lernt man weise Beschränkung und versteht, was das Lob des Einfachen bedeutet, und so gewinnt man die Freiheit, auch klassische Rezepte der persönlichen kulinarischen Welt anzupassen.

Das hat mir ein hochgeschätzter Kollege gezeigt. Ich hatte ihm von meinem neuen Buchprojekt, dem *Kochbuch für den großen alten Mann*, erzählt, und er rief sofort:

»Da habe ich was für Sie! Ich koche es immer, wenn ich Gäste habe, und sie lieben es.«

Huhn in Wermut

1 kochfertiges Huhn in 6–8 Stücke schneiden, in einem Schmortopf anbraten und dann in 2 Flaschen Martini oder Cinzano ½ Stunde kochen lassen. Die Sauce etwas reduzieren (das bedeutet: Die Hühnerbrühe so lange leise simmern lassen, bis sie auf die Hälfte eingekocht ist) und mit einem Becher Sahne und (etwa 100 g in Flocken geschnittener) Kräuterbutter verrühren. Dazu Baguette.

»Die Sauce ist das Wichtigste, schmeckt immer und gelingt immer«, fügte er nachdrücklich hinzu, »und als Geizkragen nehme ich ganz billigen Wermut, nicht die teuren Marken.«

Man sieht auf den ersten Blick: Das ist das klassische *Huhn-in-Wein*-Rezept. Aber mein Freund hat es verwandelt, hat es sich und seinen Kochkünsten angepasst, hat wahrscheinlich wagemutig probiert und gekocht, bis alles so war, wie er es wollte und dass er sagen konnte: »Das ist mein *Huhn in Wein*!« So viel Mut und Geduld, Einfallskraft und Selbstbewusstsein wünsche ich auch meinem Freund Leopold.

Der Hamburger Großvater
und der Bückling

Mein Hamburger Großvater war ein Kind der Kaiserzeit. Er gehörte zu der letzten Generation, für die die Offizierslaufbahn ein Beruf wie Bäcker oder Teppichweber war, und begann mit sechs Jahren als Kadett in der Kadettenanstalt. 1918 wurde der Gardeoffizier der Kavallerie Frührentner. Die Inflation fraß das Geldvermögen wie bei vielen anderen, und zum ersten Mal in seinem Leben fand er sich ohne Personal auf der Welt, ohne Burschen, ohne Zimmermädchen, Köchin und Kutscher. Er spielte fortan nachmittags und abends Bridge, und ich sehe noch die Ringe an seinem kleinen Finger blitzen, wenn er die Karten mischte oder austeilte.

Ich weiß nicht, was diese Vergangenheit für meinen Großvater bedeutete. Ich glaube, mein Großvater hat immer Hunger gehabt, als Kadett und sowieso als junger Leutnant, der Lückenfüller an der kaiserlichen Tafel, so weit unten in der Rang- und Platzliste, dass er nie etwas serviert bekam, weil die Teller gewechselt wurden, wenn Majestät fertig gegessen hatte, und »Majestät«, sagte mein Großvater, »schmiss sich die Happen in den Mund. Er hielt nicht viel vom Essen. Wir haben vor diesem Dienst immer ein oder zwei dicke Leberwurststullen gegessen.«

Wenn ich an meinen Großvater denke, so sehe ich ihn in dieser zweiten Hälfte seines Lebens, sehe den Teller mit seinem Porridge, Buchweizen oder Hafer, hoch gefüllt, und höre das Klack-Klack seines Löffels, mit dem er den Porridge in Berge und Täler klopfte, Butter für Berge und Milch für die Täler. Er saß allein am Esstisch. Die Großmutter schlief noch. Wer hatte ihm den Brei gekocht? Er etwa? Ich weiß es nicht. Ich spürte nur sein Behagen. Es war sein Porridge, seine Morgenstunde, und wenn er mich im Nachthemd in der Tür stehen sah, rückte er auf seinem Stuhl beiseite, sodass ich neben ihm sitzen und meinen Löffel in seinen Brei tunken konnte. Keiner sprach. Jeder häufte sich auf seinen Löffel so viel Brei, Milch und Butter, wie er mochte, und wenn der Teller leer war, schlüpfte ich wieder ins Bett.

Er wurde kein kochender Mann, aber er hatte Lieblingsgerichte, Erbsensuppe mit Schnuten und Pfoten, sicher eine Erinnerung an die Schlachtfeste in Mecklenburg, gebratenes Rebhuhn, einst selbst geschossen im eigenen Wald. Es war zu seiner Zeit nicht üblich, dass ein Mann kochte, mochte er auch ledig oder verwitwet, also ein Single sein. Aber mein Großvater spürte wohl, dass meine Großmutter den täglichen Trott in der Küche eher hasste, und er sprang ein.

Der letzte Bursche, den er gehabt hatte, als er noch aktiver Offizier war, in der Kaserne wohnte und wie die anderen Offiziere einen Burschen fürs Stiefelputzen, für die Pferdepflege und andere Dienste brauchte, war wie er 1918 pensioniert worden und lebte nun in einem Dorf an der Schlei. Mein Großvater war Patenonkel seiner Tochter und vergaß sie nie zu Weihnachten und am Geburtstag. Manchmal bekam auch er ein Paket, das die ganze Post für unsere Straße mit seinem Räucheraroma getränkt haben muss. Es enthielt entweder eine kleine Spankiste mit Sprotten oder eine große mit Bücklingen, und diese wurden die Arbeit meines Großvaters.

Er räumte seinen Schreibtisch leer, bedeckte ihn mit üppigen Schichten aus Zeitungspapier, klemmte sich das Monokel ins Auge, legte den »Bückel«

in seiner letzten Verpackung aus Butterbrotpapier auf das Zeitungsbett, öffnete sie und sagte begeistert: »Donnerwetter!«, oder so etwas Ähnliches. Er lobte Größe, Glanz und Duft des Herings, und dann schlitzte er die Haut auf, klappte den Fisch auf, und nun wartete die eigentliche Arbeit auf ihn: die Gräten zu entfernen. Die Mittelgräte löste sich immer leicht, aber dann begann der Kampf mit Gabel und Pinzette, bis das Fischfleisch rosig, räucherig und frei von allem war, was den Genuss gestört hätte.

In meiner Erinnerung saßen wir immer auf dem Balkon, im Schatten der Markise, der Bückling auf einem der schönen chinesischen Teller meiner Großmutter. Der Großvater hatte Scheiben vom Schwarzbrot geschnitten, und dazu gab es nur Butter, sonst nichts.

Das war das Abendessen, kein Rezept, keine Kocherei, nur der Fisch in seinem Duft. Großvaters Bückling.

Vom gemeinsamen Kochen
und Backen

Wie gern mein Großvater gekocht hätte, merkte ich, das Kind, ohne viel darüber nachzudenken. Wenn ich aus der Schule kam, saß er nicht immer, aber oft in dem Raum, der unsere Küche geworden war, weil er dicht bei der Gasleitung lag. Eigentlich war es das Schrankzimmer, große, glänzende Mahagonischränke voll mit Kleidern, Mottenfächern und Haushaltswäsche.

Als die halbe Wohnung beschlagnahmt wurde, weil die ersten Ausgebombten aus dem Rheinland untergebracht werden mussten, zerrten meine Großeltern einen dieser Schränke von der Wand in die Stube hinein. In dem Winkel dahinter entstand die Küche: ein Gasherd, daneben ein Tischchen aus dem beschlagnahmten Kinderzimmer, eine Lampe an der Wand, ein Tisch aus dem Salon in der Mitte, die Intarsienplatte mit selbst zurechtgeschnittenem Linoleum zugedeckt, und ein Spülbecken mit einem einzigen Kaltwasserhahn neben der Tür.

Meine Großmutter hasste es, in dem »Loch«, wie sie es nannte, kochen zu müssen. Mein Großvater dagegen liebte es, mit ihr zusammen zu sein, auch in der Küche, und er half ihr, wo es möglich war. Er schälte oder pellte ihr die Kartoffeln, er schnippelte geduldig die Bohnen. Er stieg jeden Tag in den Keller, wo der Apfelvorrat auf Stroh und Horden lag, drehte sie immer auf einer Horde um und tauchte mit denen im Korb wieder auf, die Druckstellen oder Pocken hatten. Er schälte und schnitt die beschädigten in dünne Scheiben und schaute zu, wie *Apfelpfannkuchen* entstanden.

Apfelpfannkuchen

Meine Großmutter rieb die heiße Pfanne mit einer Speckschwarte aus (um die kostbare Butter für Butterbrote oder Ähnliches zu sparen) und legte die dünnen Apfelscheibchen in immer kleiner werdenden Kränzen in die heiße Pfanne. Einmal umdrehen, auf schwächster Hitze garen lassen. In eine Schüssel füllen und auf die gleiche Art die restlichen Apfelscheibchen verarbeiten. Nach jeder Lage hatte die Speckscheibe wieder ihren Auftritt. Dann rasch dünne Pfannkuchen (siehe S. 68f.) backen, einen Löffel Apfel auf die eine Hälfte füllen, zuklappen und möglichst gleich servieren. Wenn es gute süße Äpfel sind, braucht man das Endprodukt gar nicht zu zuckern.

Abends beschlossen die Äpfel den Tag. Mein Großvater schälte und viertelte sie, aß sie selber oder bot sie meiner Großmutter an, die abends ihre Patience legte und jedes Mal, wenn sich der Großvater auf Messer und Apfel konzentrieren musste, flink ein wenig mogelte.

Der Großvater kaufte auch für die Großmutter ein. Allein. Er beklagte mit dem Lebensmittelhändler die Ernährungslage. Er besuchte den Wildbretladen, in dem er eine hoffnungsvolle Dauerbestellung auf einen Hasen laufen hatte, und er holte beim Gemüsemann ein Netz voll Erbsen ab. Der Großvater war im Krieg reaktiviert worden, trug wieder Uniform, doch obwohl es sich für einen Offizier nicht gehörte, in Uniform Einkaufsbeutel zu schleppen, trug er nach seinem Dienst zum Beispiel einen Eimer Johannisbeeren von seinem Büro in der Kaserne quer durch die Stadt nach Hause und schnauzte jeden an, der ihn zu korrigieren versuchte.

Sein Meisterstück als Gehilfe meiner Großmutter waren die *Holsteiner Braunen Kuchen*. Er blieb immer voll Entzücken unten in der großen Halle stehen, wenn unsere Hausbesitzerin, Bauerntochter aus der Nähe von Husum, ihre Braunen Kuchen backte. Er ging in ihre Küche, hinein in den Duft von Kardamom und Zimt und Honig, und sagte: »Jetzt ist es wieder so weit.« Irgendwann war es ihm gelungen, dass sie ihm ihr sorgfältig gehütetes Rezept verriet. So kam es in das »Loch«, und er kaufte alles ein, was das Rezept vorschrieb, und häufte auf die Linoleumplatte, was meine Großmutter für den Teig brauchte.

Holsteiner Braune Kuchen

500 g Zucker, 500 g Sirup, 500 g Butter, 1¼ kg Mehl, 2 Beutel Backpulver, 1 EL Zimt, 1 EL Kardamom, 125 g fein gewiegte Sukkade, 250 g gepellte gemahlene Mandeln, die abgeriebene Schale 1 Zitrone, 1 Messerspitze Salz

Die Butter auf schwacher Hitze zerlassen, dann den Sirup dazugeben. Den Topf vom Herd nehmen, mit Zucker, den Gewürzen und ungefähr der Hälfte des Mehls verrühren. Den braunen Kloß auf den Rest Mehl schütten und kräftig durchkneten. Es tut ihm gut, wenn er mindestens über Nacht ruhen kann. Dann den Teig sehr dünn ausrollen, ausstechen und auf dem sparsam mit Fett bestrichenen Blech bei 200° rund 10 Minuten backen.

Die ersten Schritte bei der Teigzubereitung sind leicht. Aber wenn die heiße süße Mischung mit dem Mehl verrührt und verknetet werden musste, wurde auch meine Großmutter rasch müde. Dann zog sich mein Großvater das Jackett aus, krempelte die Hemdärmel bis über die Ellbogen auf und übernahm. Das war meiner Großmutter nur recht, sie verließ das »Loch«, und er knetete und knetete und wickelte den fertigen Teig liebevoll in eine ausgemusterte Damastserviette ein, ließ ihn rasten und rollte ihn später aus. Dann griff meine Großmutter wieder ein, stach Figuren aus, pinselte das Blech, legte die Sterne und Herzen und Halbmonde vorsichtig darauf und schob das Blech in den Ofen.

Das war wieder die Stunde meines Großvaters. Der Ofen litt unter der kriegsbedingten Gassperre und fauchte wie die Hölle, wenn das Gas wieder durch die Rohre schoss. Zwischendurch hatte er Schwächeanfälle, und es konnte auch sein, dass seine Flämmchen so klein blieben, dass man Angst hatte, sie erlöschen. Zum Glück war der norddeutsche Teig sturm- und wetterfest und wartete friedlich, bis es ihm wieder heiß wurde. Doch die hinterste Reihe der Herzen und Sterne war nicht gerade verbrannt, aber sehr dunkel. Das war die Beute des Großvaters. Die reine Kohle brach er ab, die Dunkelsterne und -herzen sammelte er auf einem Teller und aß sie mit den Apfelschnitzen, während meine Großmutter ihre Patience legte.

Einmal nahm er eine Tüte mit den hellsten Dunkelherzen mit zum Dämmerschoppen, und am Tag danach fragte mich ein Nachbarsjunge: »Deine Leute lassen den Großvater backen, oder was? Kriegt er auch ein Schürzchen?«

Ich hätte ihn gern verprügelt, aber er war größer und älter.

Sommerferienfrühstück
und Eier-Spiele

Es gab einen anderen Vetter. Ihm gehörte ein altes Haus am Wald, das im Sommer Platz für alle hatte, und wenn wir dort Gäste waren, war ich gern früh draußen. Die Sonne war noch nicht über den Berg gekommen und die Luft über der betauten Wiese kühl und frisch. Manchmal lief mir der Vetter über den Weg und fragte: »Hast du schon gefrühstückt?«

»Nein, oben schlafen noch alle.«

»Dann mach ich dir ein Frühstück, komm mit.«

Er nahm eine kleine schwarze Eisenpfanne zur Hand und legte eine dünne, lange Scheibe geräucherten Speck auf das heiße Metall, sodass der Speck zischelte und sich kräuselte. Dann schlug er zwei Eier auf, ließ sie in die Pfanne gleiten und stellte die Hitze herunter, damit die Eiweiß langsam schneeweiß wurden und nicht am Rand verbrannten. Mehr nicht. Salz war im Speck. Der Vetter goss uns einen Kaffee ein und schaute zufrieden zu, wie ich das Frühstück aß.

Das war mein Sommerferienfrühstück. Den Speck

hatte der Bauer, der Nachbar nebenan, geräuchert. Die Eier waren frisch, wahrscheinlich auch vom Nachbarn. So gut hat man es in der Großstadt nicht mehr, aber im Lauf der Zeit lernt man die Bauern auf dem Markt kennen und die Verkäuferinnen im Supermarkt.

Ein solches Frühstück, vorzüglich am Sonntag, scheint Männern zu liegen. Einer unserer Freunde, noch nicht alt, aber groß, liebte es, uns allen sein Rührei zuzubereiten. Wir kamen immer Fronleichnam zu Besuch, die Sonne noch licht und leicht, der Frühstückstisch gedeckt.

Dann hatte der Freund seinen Auftritt am Herd. Manchmal noch im Morgenrock, immer elegant und duftend vom Bad. Zuerst wurde die Lieblingspfanne gesucht. Dann schlug er ein Ei nach dem anderen in eine Schüssel, würzte, gab einen Schwupp Milch dazu, verklöpperte alles (»verklöppern« heißt, mit der Gabel schlagen), ließ ein nennenswert großes Stück Butter in der Pfanne heiß, aber nicht hitzig werden, goss die Eiermilch hinein und schaute sich um, ob wir auch beachteten, wie gut und richtig er alles machte.

»Das Wichtigste«, sagte er mit Blick auf die Kinder,

»ist das Rühren. Nicht wild herumfuhrwerken, sondern so – seht mal! – eine Acht rühren und den Teig vom Rand immer mit hineinnehmen. Schön langsam und gleichmäßig. Was wollt ihr dazu? Schnittlauch? Geriebenen Gruyère? Sind die Teller schon vorgewärmt?«

Wie wunderbar jedes Mal sein Rührei schmeckte! Wie friedlich diese Augenblicke, wie zufrieden das Schweigen. Und wie wenig Gerät man benutzen muss, eine Schüssel und einen Schneebesen, eine Pfanne und einen Holzlöffel.

Vielleicht wagte sich ein anderer Frühstücksliebhaber irgendwann an *Pfannkuchen*? Die Zutaten müssen nur um Mehl und Milch ergänzt werden.

Pfannkuchen

1 Ei, 2 EL Mehl, 1 Prise Salz und so viel Milch mit dem Schneebesen verquirlen, dass die Mischung sämig wird. In der Kochsprache heißt »sämig«, wenn die Mischung den Löffel deckt, also weder dünn vom Löffel rinnt, noch dick wie ein Brei am Löffel klebt. ½ Stunde ruhen lassen, damit das Mehl in der Feuchtigkeit von Ei und Milch mollig quellen kann. Dann wie beim Rührei Butter heiß, aber nicht fettspritzig werden lassen. Eine kleine Saucenkelle in den Teig tauchen und nur so viel ins Fett gießen, dass der Pfannenboden gut bedeckt ist. Die Pfanne flink hin und her drehen, damit sich der Teig nach allen Seiten verteilen kann. Umdrehen, wenn sich der Pfannkuchen beim Ruckeln vom Pfannenboden löst und ein liebliches Blond angenommen hat. Die andere Seite backen, dann das Ergebnis ein- oder zweimal falten. Zu Apfelmus und Apfelröster, zu Zwetschgenröster, mit Zucker und Zimt, zu Honigbutter, oder fleischig zu allen Wurst- oder Bratenresten einfach mit etwas Petersiliengrün, fein gewiegt. Vor dem ersten Falten auf den Pfannkuchen löffeln.

Mein Freund Leopold, der auch zu den Frühstücksliebhabern zählte, hatte inzwischen den Trick entdeckt, dass man Eier zusammen mit Pellkartoffeln in einem Topf kochen kann. Die Eier, vielleicht 3 oder 5, holt man dann vorsichtig nach 7–10 Minuten zwischen den Kartoffeln mit einem langstieligen Löffel heraus, braust sie kalt ab und hat einen Vorrat für leicht zuzubereitende Imbisse: für abends oder am Wochenende oder wenn man nur Lust auf etwas Kleines hat.

Dies sind seine *Eier-Spiele*:

- Die Pellkartoffeln 20 Minuten weiterkochen lassen und abkühlen. Dann 1 Pellkartoffel mit 1 Frühlingszwiebel, in Ringelchen geschnitten, Marinade und mit Eierscheiben vermengen, pfeffern und salzen und auf einem Kressebett servieren.
- Ein ebenfalls hart gekochtes Ei in Stückchen hacken und mit Avocadofleisch und Radieschenhack vermengen.
- Ein hart gekochtes Ei in Scheiben schneiden und auf ein mit Butter bestrichenes Schwarzbrot legen.
- Gehacktes Ei auf grünem Salat mit etwas Fenchel und Räucherlachs anrichten.
- Eierscheiben mit Tomaten- und Mozzarella-Scheiben mischen und mit Olivenöl auf Rapunzeln legen.
- Eier vierteln und in Remoulade auf ein Rosenkohl- und Selleriebett legen.
- Curryreis kochen und mit gehacktem Ei und einem Rest Erbsen vermengen.

Meine Mandeln

Er war der große Bruder einer Freundin, eigentlich ein Grummelkopf, der lieber mit Männern als mit Frauen redete. Die Freundin meinte: »Er wäre vor der Konservendose verhungert, weil er nicht wusste, wie man sie öffnet.«

Aber dann kaufte er ein Haus auf Ibiza, zum Haus gehörte ein Garten, und in diesem Garten wuchsen Mandelbäume. Ich glaube, die Mandelbäume verzauberten ihn, als er sie zum ersten Mal blühen sah. Er erzählte begeistert von seinen Mandelbäumen, er verfolgte, wie die glatten grünen Früchte schwollen und reiften, er sammelte jede Frucht auf, die im Herbst von seinen Mandelbäumen fiel, und zog selbst die Haut ab, obwohl es mühsam ist und erlernt werden muss, bis schließlich die nackten, elfenbeinweißen, leicht glänzenden Mandeln in seiner Hand lagen.

Er ging zum ersten Mal nicht durch die Küche hindurch, sondern in die Küche, weil er eine Pfanne brauchte. Er ließ sich von Nachbarn zeigen, wie er seine Mandeln in der heißen Pfanne mit Olivenöl – »Aber nur ganz wenig!« – rösten und danach in Salz wälzen und auf einem Leinentuch draußen auf der Terrasse in den letzten warmen Sonnenstrahlen trocknen lassen musste.

Er brachte seine Mandeln heim nach Hamburg, und seine Frau schüttete sie in eine Schale und bot sie bei der nächsten Einladung zum Aperitif an. Ich mag Mandeln, probierte seine Mandeln und machte wohl das Gesicht, das man macht, wenn einem unerwartet Köstliches in den Mund gerät. Schon stand er neben mir und fragte eifrig: »Schmecken sie dir? Das sind meine Mandeln!« Und dann erzählte er die Geschichte seiner Mandelbäume. Seitdem ist viel Zeit vergangen, aber ich habe den Geschmack seiner Salzmandeln noch auf den Lippen, und ich sehe noch das strahlende Gesicht.

Er war mit Recht stolz, weil es ihm gelungen war, zum ersten Mal etwas mit seinen Händen zu machen. Aber er war gleichzeitig tief bewegt, denn das alles, die Blüte und die Früchte und die Freude an der Mühe und dem Erfolg, empfand er als ein Geschenk.

Er ist kein kochender Mann geworden, und er hat seine Frau auch nicht überlebt und sich dann nur von Mandeln ernährt. Aber er hat das erlebt und empfunden, was jeder Mensch erleben sollte: Dass alles, was die Erde hervorbringt und was wir als selbstverständlich für uns beanspruchen, das wunderbarste Geschenk ist. Blühende Mandelbäume, salzige Mandeln.

Von Anderen Zimtsternen
und Zuckerschnitten

Der Nachbarsjunge aus Göttingen wurde ein Big Boss in Frankfurt, heiratete, hatte viele Kinder, und wenn ich zur Buchmesse nach Frankfurt kam, holte er mich in seinem Big-Boss-Auto zu einem schlichten Abendessen oben im Taunus ab. Wir saßen anschließend zusammen und redeten von früher, als wir mit den anderen Kindern in der Nachbarschaft gespielt und Theaterstücke aufgeführt und im Hainberg Bäche gestaut und Laubburgen gebaut hatten.

Wir tranken den Wein weiter, den es zum Essen gegeben hatte, und dann holte der Gastgeber eine recht große Blechdose aus der Anrichte, die immer voller Sandkekse war, selbst gebacken natürlich und so buttrig und brüchig, wie sie zu sein hatten.

Er suchte sorgfältig für jeden von uns nach einem offenbar strengen Ordnungsprinzip einen Keks aus, legte ihn auf einen kleinen Teller, der wie für seine Kekse gemacht zu sein schien, und es musste schon ein gnadenvoller Tag sein, dass er sich pro Nase drei oder vier dieser Meisterkekse von der Seele riss und aus der Blechdose nahm.

Wenn er allein war, reichten ihm, wie er sagte, ein kleiner Stapel seiner Kekse und ein Glas Wein als Abendessen, und als er wirklich allein war, lernte er, den Mürbteig herzustellen und nach dem Rezept seiner verstorbenen Frau auszurollen, auszustechen und zu backen.

Meine Mandeln, meine Kekse und mein Rezept, das eifersüchtig gehütet und nie weitergegeben, sondern von Generation zu Generation weitergereicht wurde. Aber für alle backenden Männer (und Frauen) und auch für meinen Freund Leopold folgen hier drei Rezepte aus der großen Mürbteig-Familie, die allgemein zugänglich sind. Das erste ist ein bekanntes Gebäck:

Heidesand

150 g Butter, 200 g Zucker, 1 EL Vanillezucker, 250 g Mehl

Die Butter in einem Schmortopf zerlassen, bräunen und abkühlen lassen. Dann lässt man Zucker und Vanillezucker hineinrieseln und rührt so lange, bis die Masse weißschaumig ist. Danach kommt das Mehl dazu, alles wird gut durchgeknetet und zu vier Rollen mit einem etwa zweifingerdicken Durchmesser gerollt. Diese werden einzeln in Backpapier gewickelt und 1–2 Stunden in den Kühlschrank gelegt. Dann werden sie mit einem Küchenmesser in dünne Scheiben geschnitten, auf das mit Backpapier ausgelegte Blech gelegt und golden gebacken. Das dauert bei 175–180° etwa 15 Minuten.

Dicke Plätzchen

150 g Butter, die abgeriebene Schale von 1 Orange, 60 g Zucker, 2 Eier, 300 g Mehl, 1 gestrichener TL Backpulver, 150 g Speisestärke, 1 EL Rum, 125 g gepellte gemahlene Mandeln, 1½ TL Zimt, je 1 Messerspitze Kardamom, Nelkenpfeffer und Muskatnuss, eventuell 3 EL Sahne

Aus Butter, Zucker, Orangenschale und Eiern einen Vorteig rühren, mit dem Mehl verkneten, das mit allen anderen Zutaten vermengt worden ist. Sollte der Teig zu fest sein, tröpfelt man ein wenig Sahne dazu. Ruhen lassen, dann 1½ cm dick ausrollen und einfach nur mit dem Backrädchen in Vierecke oder Rhomben ausradeln. Dann auf ein gefettetes Backblech legen und bei 200° in etwa 20 Minuten blond backen.

Andere Zimtsterne

*125 g Zucker, 125 g Butter, 250 g Mehl, 2 Eier, 15 g
Zimt, 1 Prise Salz*
*Aus den Zutaten einen Mürbteig kneten, nicht zu
dünn ausrollen, Sterne ausstechen, bei Mittelhitze in
10 Minuten backen. Man kann sie auch ein wenig
dekorieren, mit einer halben Mandel oder etwas
Zuckerguss, ganz so, wie man es mag.*

Dies ist eins meiner Lieblingsrezepte. Es stammt
aus der schwarzen Kladde meiner Großmutter.
Meine Großmutter hat die *Anderen Zimtsterne* immer im Advent für den weihnachtlichen bunten
Teller gebacken, sozusagen als Basis, weil sie für die
klassischen Süßigkeiten, reich und üppig an Schokolade, Zucker, Marzipan und anderem, etwas zum
Ausgleich haben musste, etwas Bescheidenes, das
trotzdem so knusprig und wohlschmeckend war,
wie es sich für ein Weihnachtsgebäck gehört.
Diese Plätzchen halten sich lange, sind aber meistens schon aufgegessen, ehe sie beweisen können,
wie lange sie knusprig bleiben. Sie sind jedenfalls
oft die Rettung oder der Ausweg, wenn zum Beispiel mein Freund Leopold vergessen hat, ans Essen zu denken. Dann könnte es eine Tasse Fleisch-

brühe geben und ein oder zwei seiner Plätzchen als Nachtisch.

Oder wenn er unerwarteten Besuch bekommen sollte, gibt es Tee und Plätzchen. Oder wenn es Sommer ist: einen Teller Erdbeeren oder Himbeeren mit Vanilleeis und Schlagsahne und Plätzchen.

Auf Stillleben des Malers Georg Flegel aus dem 17. Jahrhundert ist oft etwas Rechteckiges, Blondes zu sehen, gestapelt wie Frühstücksbrettchen aus hellem Holz, aber für mich fehlte das, was – zum Beispiel Schinken oder Speck – auf diesem Brettchen hätte geschnitten werden sollen. Während der Vorarbeiten für mein Buch »*Gestern aß ich bei Goethe …*« entdeckte ich im Kochbuch von Goethes Großmutter Textor aus Wetzlar, ein Jahrhundert später, ein Rezept, das mich dazu verlockte, es nachzubacken. Es heißt dort:

Zuckerschnitten

125 g Zucker, 3 Eier, 125 g Mehl, je 1 Messerspitze gemahlener Anis und Fenchel, Saft von ½ Zitrone, Butter und Semmelbrösel für die Form

Zucker und Eier werden mit dem Schneebesen des Handquirls weißschaumig gerührt, die Gewürze, der

Zitronensaft und das Mehl werden hinzugegeben und gut glatt gerührt. Eine viereckige Backform (20 x 15 x 5 cm) mit Butter auspinseln und mit Semmelbröseln ausstreuen. Den Teig hineinfüllen und bei 180° etwa 20 Minuten backen, bis er »schön braun gebacken ist«. Dann stürzt man das Gebäck aus der Form, lässt es etwas abkühlen, schneidet es in dünne »Scheitlein«, legt diese auf ein Blatt Backpapier und schiebt sie »noch mal wieder in den Ofen, bis sie schön gelblich werden, alsdann hebe es in einer Lade auf«.

Ich befolgte das Rezept, ohne etwas zu streichen oder zu ändern, schnitt das Gebäck in Scheibchen, ließ diese im Backofen dörren und leicht rösten – und was lag vor mir auf meinem Küchenbrett? Die blonden Holzbrettchen! Goethes Großmutter nannte sie in dieser Form *Zuckerschnitten*, mit gemahlenen Mandeln und Zimt im Teig *Zuckerbrot*. In den Anschreibbüchern von Goethes Köchin in Weimar kann man lesen, dass der Herr Geheimrat morgens um sechs Uhr ein Scheitlein als Frühstückszwieback mit einem Becher Kaffee genoss. Und ich hatte etwas dazugelernt.

Eine kleine Erinnerung

An fast allem, was man kocht oder backt, hängt die Erinnerung. Auch meine Erinnerung an meine Kindheitsjahre in Göttingen.

Ich komme aus der Schule, öffne die Haustür und bin jählings ganz und gar eingehüllt von dem unbeschreiblichen, unnachahmlichen Duft aus der Küche. Honig, Zimt, Nelken, Kardamom. Es mögen Jahrzehnte vergehen – die *Anderen Zimtsterne* aus dem Kochbuch meiner Großmutter sind der Schlüssel für solch glückliche Momente der Erinnerung.

Und da ist das andere Bild, das dieses Gebäck heraufbeschwört. Da sitzt er, groß und alt, mein Großvater. Er sitzt einsam in seinem Sessel, der aus seinem Elternhaus in Hamburg stammte, leicht verschlissen an den Armlehnen. Neben ihm sein Rauchtisch mit einem kleinen chinesischen Teller, auf dem zwei oder drei Zimtsterne liegen. Über ihm das Gemälde seines einstigen Lieblingspferdes und zwischen den Pferdebeinen sein Hund, ein kleiner weißer Terrier, der mich aus dem Dämmer der Box mit klaren scharfen Hundeaugen anschaut.

Der Rauch von Großvaters Zigarre steigt vor ihm zur Decke. Mein Großvater mochte die *Anderen Zimtsterne* etwas lieber als die *Braunen Kuchen*, aber beide waren Säulen seines Lebens.

Vielleicht hätte dieser mein Großvater zu den ersten seiner Generation gehört, die gelernt haben, sich zu bekochen, falls er Witwer geworden wäre. Aber er wäre gar nicht auf die Idee gekommen, denn damals war es noch üblich, dass eine ledige oder ebenfalls verwitwete Schwester oder Cousine oder Nichte bei dem Witwer einzog und fortan das Haus führte und kochte.

Der Hundertjährige
kocht weiter

Als er seine Frau verlor, war niemand da, der ihre Arbeit hätte fortsetzen können, und es war auch kein Geld für eine Hilfe vorhanden. So versuchte er, die Sache selbst in die Hand zu nehmen.

Die Rede ist von meinem Onkel. Er wird in diesem Jahr hundert. Er ist seit etwa dreißig Jahren Witwer, und danach starb sein einziger Sohn. Er wohnt allein in einem Ort im früheren Zonenrandgebiet, wo man einst weniger Steuern zahlen musste, weil die Gegend als so unbeliebt galt, dass sonst keiner dort geblieben wäre. Als die Grenze verschwunden war, blieben erst recht nur wenige, weil sich niemand sonderlich um die wirtschaftliche Entwicklung dieser Randgebiete gekümmert hatte. Mit ihnen verschwanden die Post, der Milchmann, der Hausarzt und der Zahnarzt, der Lebensmittelladen, der Bäcker, die Apotheke, der Schuhmacher.

Mein Onkel blieb. Es lohne sich nicht, noch einmal umzuziehen, meinte er. Seine Wohnung sieht noch heute genauso aus wie die Wohnung seiner Eltern damals in Göttingen, als ich als Schulmädchen bei ihnen wohnte. Der lange dreiteilige Bücherschrank mit Glastüren, darüber Ahnenbild an Ahnenbild von Hamburger Kaufleuten und Senatoren. Das Esszimmer mit dem weißen Damasttischtuch, auf dem seine Serviette liegt, einsam im silbernen Serviettenring. Davor der Balkon, wie der Balkon seiner Eltern rot glühend vor Geranien.

In den ersten seiner einsamen Jahre hatte er noch ein Auto und fuhr in den nächsten Supermarkt. Manchmal erzählte er am Telefon, wie er und seine Kameraden sich in Russland, wenn der Nachschub ausblieb oder zusammengeschossen war, an das erinnerten, was es zu Hause zu essen gegeben hatte. Ihr Lieblingsessen. Festessen bei Hochzeiten oder zu Weihnachten. Die herrlichen Nachtische. Er gehörte zum Spähtrupp, war mit seinem Pferd in russischen Bauernhäusern einquartiert, bekam den Ehrenplatz auf dem Ofen und sah von oben zu, wie die Kascha gekocht wurde, der Brei aus Buchweizen, und das war wie zu Hause, wenn mein Großvater, sein Vater, den Morgenbrei aus Hafer gekocht bekam.

Vielleicht hat ihn das Jahrzehnte später dazu gebracht, die schwarze Kladde meiner Großmutter nach ihrem Tod nicht wegzuwerfen, sondern zu lesen. Er las die Rezepte, die sie mit ihrer hübschen, ordentlichen Schrift ungefähr so lange aufgeschrieben hatte, wie mein Großvater lebte. Hamburger Rezepte. Der Kopfsalat, den er so gern aß, mit saurer Sahne und Zucker, dass es knirschte. Oder die echte Rote Grütze, nur aus roten und schwarzen Johannisbeeren und Himbeeren, durchs Sieb gestrichen. Irgendwann hat mein Onkel angefangen, die Rezepte nachzukochen. Es gab Pannen. Er versuchte, die Spaghetti ungekocht in der Pfanne mit Tomatensauce unterzubringen.

Er rief dann an: »Illebille, wie krieg ich diese verdammten langen Dinger in den Topf?«

»Illebille, was heißt das immer: kochen, bis es gar ist? Wie merke ich das denn?«

»Illebille, ich hab tiefgekühlte Bratwürste gekauft. Die sind aber viel zu lang. Wie krieg ich sie in die Pfanne?«

Das war einfach zu erklären: »Schlag die lange Bratwurst in der Mitte gegen die Kante vom Küchentisch, dann hast du zwei kurze.«

Schwieriger war es, ihm Rouladen oder die Currygerichte meiner Großmutter durchs Telefon zu erklären. Aber er schaffte es. Er las sich jedes

Rezept ein paarmal durch, kaufte dann, was ihm fehlte, und übte. Er schmorte so viele *Gefüllte Paprikaschoten*, wie es das Rezept vorschrieb, und fragte nur: »Illebille, kann ich die einfrieren?« Oder: »Ich hab keine Fleischbrühe. Kann ich stattdessen auch Tomaten nehmen? Und wenn ja, wie viele?«

Gefüllte Paprikaschoten

Für gefüllte Paprikaschoten mit Reis verwendet man am einfachsten einen Reisrest, etwa 3 Tassen. Oder man kocht 200 g Reis in 15–20 Minuten in Salzwasser, wie Nudeln, und gießt ihn ab. Unterdessen hat man 375–500 g gemischtes Hackfleisch mit 1 gewürfelten, in Butter gedünsteten Zwiebel, Salz, Pfeffer, Paprikapulver und fein geriebenem Oregano gemischt. Den Reis dazugeben und alles gut vermengen. Dann werden 4–5 gleich große Paprikaschoten am Stiel aufgeschnitten und entkernt und mit dem Reishack gefüllt. Das Fleisch von dem Paprikadeckel wird fein gewiegt. In einem großen Schmortopf 3 EL Würfelspeck auslassen, 2–3 in Scheiben geschnittene Zwiebeln darin andünsten, die Paprikaschoten hineinstellen und entweder mit Fleischbrühe oder mit gewürfelten frischen Tomaten oder mit dem Inhalt 1 Dose geschälter Tomaten auffüllen, pfeffern und sal-

zen. Die klein geschnittenen Paprikadeckel kommen
auch dazu, und wenn von der Fülle etwas übrig ist,
kann man sie in kleinen Nocken in die Lücken füllen.
Auf jede Schote ein paar Butterflöckchen setzen, den
Schmortopf zudecken und das Gericht etwa 45 Minu-
ten leise schmoren lassen.

Eine Schote wird mein Onkel sicher gleich zu
Mittag oder zu Abend gegessen haben, die restlichen kommen in Tiefkühlbeutel und stellen einen
erfreulichen Vorrat dar.

Inzwischen war mein Onkel so sicher geworden,
dass er sich auch ans Hefegebäck wagte. An jedem
31. August backte er *Zwetschgenkuchen*, so wie es in
der schwarzen Kladde stand, auf Hefeteig.

Zwetschgenkuchen
400 g Mehl, 20 g frische Hefe, etwa ¼ l Milch, 60 g
Butter, 1 Ei und 1 Eigelb, 60 g Zucker und 1 knappen
TL Salz, 1 kg Zwetschgen
Zu Lebzeiten meiner Großmutter gab es in ihrer Küche,
dem »Loch«, weder ein Handrührgerät noch eine
Küchenmaschine, also lernte der Onkel nun, wie man
Hefeteig aus frischer Hefe mit dem Rührlöffel herstellt.
Das Mehl wird in eine Schüssel gesiebt oder gelöffelt,

mit einer Vertiefung in der Mitte. Die zerbröselte Hefe wird mit einem Löffel Zucker und einem Schwupp Milch in einer kleinen Schüssel so lange mit der Gabel gerührt, bis die Hefe geschmolzen ist. Dann wird sie in die Vertiefung gegossen und mit etwas Mehl vermengt und zum Schluss noch etwas Mehl darübergestreut. Der Vorteig muss so lange an einem warmen Ort gehen, bis er sich etwa verdoppelt hat. Vorsichtige Bäckerinnen wie meine Großmutter decken die Schüssel in dieser Zeit mit einem sauberen Küchentuch zu und sorgen dafür, dass kein Zug in der Küche entsteht. Der Vorteig braucht je nach Frische der Hefe eine knappe Stunde zum Gehen.

Danach wird der Hefevorteig zuerst mit etwas Mehl und dann mit den restlichen Zutaten verrührt. Das war der Moment, in dem sich meine Großmutter nur zu gerne unter einem Vorwand von meinem Großvater ablösen ließ. Denn jetzt muss der Teig mit dem Holzlöffel geschlagen werden, bis er Blasen schlägt, eine seidige glatte Oberfläche bekommt und sich vom Schüsselrand löst. Dann deckte meine Großmutter ihn wieder liebevoll zu und ließ ihn abermals gehen. Danach wird er ausgerollt, auf dem gebutterten, bemehlten Backblech höchstens kleinfingerdick. Schließlich belegt man ihn dicht an dicht mit halbierten oder

geviertelten Zwetschgen, also den trockenen, süßen,
späten Früchten der großen Pflaumenfamilie, die auch
beim Backen trocken bleiben, lässt den Kuchen noch-
mals aufgehen und backt ihn im auf 180° vorgeheiz-
ten Ofen ½ Stunde. Erst dann werden die warmen
Früchte mit etwas Zucker bestäubt. Hat man zu viele
Zwetschgen gekauft, schmort man aus dem Rest einen
Zwetschgenröster.

Der 31. August war der Geburtstag seiner Mutter,
und mein Onkel saß dann in seiner Wohnung wie
wir einst auf dem Balkon bei den Geranien, aß den
Kuchen und trank einen Kaffee.

Als er um die neunzig war, verkaufte er sein Auto
und war abhängig vom Tiefkühllieferwagen und
von Nachbarn, die für ihn einkauften. So lernte er
völlig neue Ernährungsmöglichkeiten kennen.
Wunderbar! Fertige Gerichte! Essen auf Rädern!
Wir hatten vereinbart, einmal in der Woche miteinander zu telefonieren, jeden Samstag um halb
sechs. Nach ein paar Wochen sagte er: »Illebille,
ich koche wieder selber. Das fertige Zeug ist viel zu
viel, und alles schmeckt irgendwie gleich.«
»Aber die Tiefkühlgemüse sind gut und prak-
tisch …«

»Ja, Erbsen und Maiskörner und Brokkoli. Kannst du mir mal solche Rezepte schicken? So was steht nicht in Mamis Kochbuch.«

Ich schickte ihm, wie wir es aus Spaß nannten, »Carepakete« mit Dingen, die er nicht mehr besorgen konnte. Bestimmte Gewürze, holländischen Honigkuchen zum Frühstück, Tee, Darjeeling, Assam und Ceylon, immer ein paar Bücher, am liebsten Biografisches oder Historisches. Und nun jedes Mal ein paar Rezepte für das Tiefkühlgemüse wie das ursprünglich indianische Gericht *Succotash* und drei weitere.

Succotash

Gleich viel gekochte Prinzessböhnchen, Zuckermais und Limaböhnchen in 2 EL Butter mit Salz und Pfeffer unter ständigem Umrühren heiß werden lassen. Dann mit 2–3 EL Crème fraîche verrühren und zu 1–2 Toastscheiben servieren, die fingerbreit geschnitten und in Butter von beiden Seiten braun geröstet werden.

Shaker-Spinat

1 Portion Spinatblätter gleich nach dem Auftauen in einer Pfanne mit Butter um- und umwälzen und in einen Suppenteller füllen. Dann Petersilie und Früh-

lingszwiebeln fein wiegen und dazutun. Im Mörser Rosmarin mit ½ TL grobem Salz und 2–3 Pfefferkörnern zerreiben und auf das grüne Gemüse streuen.

Colache
1 gewürfelte Zwiebel in Butter glasig dünsten, gleich viel Zuckermais, gewürfelte Tomaten und gewürfelten Kürbis dazugeben und würzen.

Waldorfsalat
Das Originalrezept, das der Chefkoch vom Hotel Waldorf Astoria in New York erfunden hat, braucht gleich viel Apfel und Sellerie, in kleine Würfel geschnitten, mit Mayonnaise verbunden und auf Salatblättern serviert. Später hat jemand grob gehackte Walnüsse hinzugefügt, und in dieser Spielart ist der Waldorfsalat berühmt geworden.

Das sind Mini-Mahlzeiten, ohne großen Aufwand hergestellt, die mit Genuss verzehrt werden können.

Die Rezepte der Panina

Er war Schweizer und Anfang der Fünfziger-jahre als Vertreter des Schweizerischen Roten Kreuzes im Koreakrieg gewesen. Dort lernte er, Reis zu kochen »und ganz allgemein, mit wie wenig du auskommst, nicht nur beim Kochen«.

Er blieb Junggeselle, wohnte in Zürich, in einem der alten Häuser an der Limmat, und über seine weiß getünchte Stubendecke schwammen weiße Gips- oder Stuckfische, auch ein paar Muscheln und ganz am Rand ein Frosch.

»Das sind alles Fische, die unten im Fluss leben«, sagte er, »und wenn ich auf meinem Sofa liege – weißt du, es gibt einen Augenblick, da steht die Sonne so, dass sie das Spiegelbild des Wassers zu meinem Fenster hereinwirft. Dann flirrt und tanzt das Licht wie Wellen, und die Fische werden lebendig, und ich lieg tief unter ihnen und bin der Wassermann.« Und nach einer Pause: »Ich esse deshalb keinen Fisch mehr.«

Er besaß ein DIN-A4-Heft, die einzelnen Blätter am Rand eingerissen und voller Butterflecken.

Darauf geklebt lauter Rezepte mit Brot, mit alt-backenem Brot, das er gut schneiden und raspeln konnte, fast alle ohne Fleisch. Ganz offensichtlich stammten sie aus Werbebroschüren der Nach-kriegsjahre, mit einer weiblichen Identifikations-figur: der Panina. Sie weiß alles, wirft keine Reste weg, sondern hat eine ganze Reihe von köstlichen Reste-Gerichten im Kopf. Er hatte sich instinktiv aus ihren Rezepten diejenigen ausgesucht, die ein-fach waren, für die man eigentlich gar nicht kochen können muss, hatte sich mit ihnen die Sicherheit in der Küche erworben und sich endlich freigekocht. Aber die Panina hat ihn begleitet, solange er lebte. Meistens waren die Rezepte für vier Personen gedacht. Deshalb hatte mein Freund die Mengen an den Rand geschrieben, die für ihn reichten. Die folgenden Rezepte hatte er ausgeschnitten und in sein Heft geklebt:

Croûtons provençales
Panina serviert zur sonntäglichen Bouillon pikante Käsecroûtons. Sie vermischt 1 Tasse Mayonnaise mit 1 EL Tomatenpüree, 50 g geriebenem Gruyère, ½ TL Senf, 2 ausgepressten Knoblauchzehen und ei-nem Hauch Cayennepfeffer. Diese Mischung streicht

sie auf sehr dünn geschnittene Weißbrot-Scheiben und überbackt sie rasch im vorgeheizten Ofen.

Karamell-Kardamom-Toast

Panina vermischt 100 g weiche Butter mit 100 g braunem Zucker und ¼ TL gemahlenem Kardamom. Sie bestreicht Toastbrotscheiben dick mit dieser Mischung, legt sie auf ein gut gebuttertes Blech und backt sie im heißen Ofen, bis sie knusprig und braun sind.

Apfelschmarren

Panina weicht 2 Brötchen in ⅛ l Milch ein, rührt sie zu Brei und vermischt sie mit 2 Eiern, 30 g Sultaninen, Saft und Schale von 1 Zitrone, 1 Prise Salz, 2 EL Zucker und 250 g dünnen Apfelscheibchen. In einer großen Bratpfanne lässt sie 50 g Kochbutter schmelzen und gießt die Masse hinein. Wenn sie halb fertig gebacken ist, reißt sie sie mit einer Gabel in Stücke und backt diese unter fleißigem Wenden weiter zu goldbrauner Farbe. Sie serviert den Apfelschmarren mit Zucker und Zimt bestreut.

Banyat

In einem spanischen Kochbuch hat Panina dieses Rezept entdeckt, das die Mallorquinerinnen ihren

Männern zur Arbeit mitgegeben haben: 1 zerdrückte Knoblauchzehe vermischen mit 2–3 fein zerdrückten Sardellen, 1 mittelgroßen, sehr klein geschnittenen Tomate, etwas Essig und Öl. Mit Pfeffer und Salz mischen und die Masse auf eine Scheibe Brot streichen. Mit Oliven, Eischeiben und Paprikastreifen garnieren und mit einer zweiten Brotscheibe zudecken. Beschweren, kalt stellen, ziehen lassen.

Brot-Tomaten-Gemüse

Panina schneidet 50 g Tomaten in Schnitze und dämpft sie in 1 EL Öl zusammen mit 1 gehackten Zwiebel und 1 EL fein gewiegten Kräutern. Sie würzt mit Salz, Pfeffer und Oregano und kocht das Gemüse 10–15 Minuten. Wenn nötig, fügt sie 1–2 EL Fleischbrühe bei. 100 g Brot und 50 g Speckwürfelchen röstet sie goldbraun, richtet sie auf einem Teller an und gießt das Tomatengemüse kurz vor dem Servieren darauf.

Ich weiß nicht, welches dieser Rezepte er nachgekocht hat, aber die Rezeptblätter sehen belebt und benutzt aus – und er war ein sparsamer Mann, dem diese Schlichtheit gefiel.

Schmelzkartoffeln

Er gehörte zu unseren liebsten Freunden.
Er stand eines Abends vor der Tür, elend und
blass, unterm Wintermantel schaute sein Schlafan-
zug heraus.

»Kann ich bei euch ein Abendessen bekommen?
Ich halte es nicht mehr aus in der Klinik, und die
Abende sind so lang.«

Er war mein Lehrer gewesen und war unser Freund
geworden. Jetzt war er Witwer. Ich erinnere mich
nicht mehr, weshalb er schon seit Wochen in der
Klinik lag.

Ich hatte gerade den Tisch gedeckt, und nun
kamen noch ein Teller, ein Glas und das Besteck
dazu.

»Schau, ich geb dir den Serviettenring mit dem
großen A wie dein Vorname«, sagte mein Mann,
»du kommst doch morgen Abend wieder?«

Er kam und aß mit Vergnügen, was wir hatten. Er
kam immer früher und saß in der warmen Küche
und fragte, was er kochen solle, wenn er wieder zu
Hause sei, allein, und ich fragte, was er gerne esse,
und ließ es ihn in unserer Küche ausprobieren.

Wenn es ihm gelang und vor allem schmeckte, schrieb er es sich auf. Sein liebstes Gericht:

Schmelzkartoffeln

2 frisch gepellte mehlige Kartoffeln mit der Gabel zerdrücken und mit 1 guten EL Butter und 1–2 EL Sahne und Salz verrühren, ohne dass die Masse weich wird. Daraus mit zwei Löffeln kleine, runde oder ovale Kartoffeln formen. In einer kleinen Pfanne Butter zerlassen, die Schmelzkartoffeln nebeneinander hineinsetzen, 1–2 Eier verklöppern und auf die Kartoffeln gießen, diese dann mit Butterflöckchen besetzen und vorsichtig von beiden Seiten ausbacken.
Die Schmelzkartoffeln kann man ganz nach Geschmack würzen, mit Pfeffer oder Paprikapulver, statt der Butterflöckchen mit Kräuterbutter oder Speckwürfeln.

Unser Freund wurde aus der Klinik entlassen, kam noch einmal heim und kochte sich zwei-, dreimal ein Essen, das ihm schmeckte. Dann konnte er das Bett nicht mehr verlassen, aber er ließ sich nichts zu essen bringen. Er dirigierte vom Bett aus die Arbeit seiner Nichte in der Küche, die ihm inzwischen half, auch wenn er nur noch ein paar

Gabeln voll bewältigte. Er lächelte dabei. Es war sein Essen, und es schmeckte ihm bis zum letzten Bissen.

Das Vaterhaus

Es war ein Vaterhaus, nicht weit von einer Land-straße, die nach Süden, durch die Täler über die Berge führte. Zuerst stand nur das Hohe Haus mit einem schönen Barockgiebel, zur Straße hin Unterkünfte und Ställe für die Fuhrwerke, die im Frühjahr dort warteten, dass die vereisten Pässe für die Pferde passierbar wurden. Das Haus war in all den Jahrhunderten immer verschont geblieben. Keine Plünderung und Brandschatzung, keine Tiefflieger und Brandbomben. Einer übergab das Haus dem Nächsten, mit allem, was sich im Laufe der Jahre in Kellern, Dachböden, Geschirr- und Leinenschränken angesammelt hatte, mit allen Möbeln und dem Strickstrumpf einer toten Tante, der vergessen in einem Lehnstuhl in der Halle darauf wartete, dass ihn ein Enkelkind oder eine Nichte fertig strickte.

Irgendwann wurde das Lange Haus angebaut, ein-stöckig mit kleinen Zimmern für Kinder, Gäste, Hauslehrer. Im Keller Platz für Apfel- und Kartof-felhorden, für Wurzelgemüse aus dem Gemüsegar-ten, das für den Winter in Sand gelegt wurde.

Draußen, an der sonnigen weiß getünchten Mauer, Weinstöcke, Tomaten und Rosen. Im Park ein Teich mit Wasser für den Gemüsegarten, Himbeerhecken und Obstbäume und am Bach wilde ungefüllte Pfingstrosen, wie sie Albrecht Dürer gemalt hatte.

Und dann die Küche. Sie war zwischen den beiden Weltkriegen dadurch modern geworden, dass ein sogenannter Reformherd neben dem alten offenen Herd installiert wurde, mit Holzheizung, Backofen und Wasserschaff für ständig warmes Wasser. Oben, im ersten Stock, neben dem Speisezimmer die kleine, gemütliche private Küche, wenn nicht ein halbes Dutzend Gäste an der langen Tafel im Esszimmer saß.

In einem niedrigen Zwischengeschoss: die Schränke mit Tellern, Tassen und Terrinen, mit Damasttischwäsche, Silberbesteck und Gläsern aller Art, und am Ende Schul- und Spielzimmer für die Kinder, mit Lehrbüchern, Steinbaukästen, Puppen und Puppenkleidern aus dem vorvorigen Jahrhundert. Mit Schach und Malefiz, Büchern und Malkästen.

Das Vaterhaus. Die Jungen lernten, im Wald, der zum Haus gehörte, für die Küche einen Hasen zu schießen, die Mädchen lernten, dem Hasen das Fell über die Ohren zu ziehen, und sie lasen im Kochbuch, mindestens so alt wie der Reformherd, was die Ur- oder Ururgroßmütter über Hasenbraten zu sagen hatten, vom Ausnehmen und Abhängen bis zum Spicken und Schmoren.

Das alles ging den Hausherrn nichts an. Köchin und Küchenhilfe wären halb in Ohnmacht gefallen, wenn er in ihrem Reich aufgetaucht wäre. Seine Sache war das Haus, die Heimat der nächsten Kindergenerationen. Sie schwirrten in die Fremde, aber das Vaterhaus blieb ihr Vaterhaus. Es wartete auf sie, und sicher brachten sie irgendetwas mit. Einen Elefanten aus Ebenholz, groß genug, dass Kinder darauf reiten konnten. Bunte Tischdecken für Advent und Weihnachten. Elektrogeräte zum Rühren, Hacken und Passieren. Manche kamen im Alter ganz und gar wieder, und immer gab es eine alte Tante, die den Strumpf weiterstrickte und haargenau wusste, welche Marie welchen Heinrich geheiratet hatte und welches Gericht sie besonders gut kochen konnte.

Nach 1933 wurde alles anders. Der Letzte aus der Familie verhalf zuerst seinen jüdischen Schul- und

Studienfreunden, dann Fremden zur Flucht aus Deutschland, doch einer verriet ihn. Er kam in ein KZ, dann in einem Strafbataillon an die Ostfront. Das Haus wurde beschlagnahmt. Es war zuerst Lazarett, dann SS-Kasino. Die Offiziere tranken den Wein im Keller aus und nahmen an sich, was ihnen gefiel. Die Brüder fielen in den letzten Kriegswochen. Er selbst galt als vermisst. Eine der alten Tanten blieb.

Zwei Jahre vergingen, dann drei, und dann stand ein kahler, magerer Mann in der Tordurchfahrt, schaute zur Decke hinauf und fragte: »Wo sind die Schwalben geblieben?«

Die alte Tante brach in Tränen aus, aber er sagte nur: »Hör auf damit! Ich bin ja da!« Und ging sein altes Jungenzimmer suchen.

Er blieb. Er schwieg. Er heiratete, hatte Kinder und schaute auch sie nur schweigend an. Er war der Patronatsherr, aber er ging nie in die Kirche. Seine Frau sagte: »Er hat einmal angefangen zu reden, aber dann war das nur der Satz: ›Das könnt ihr doch nicht verstehen.‹«

Die Frau starb, die alte Tante starb, die Kinder verließen den Vater und das Vaterhaus. Er ging schweigend durch die Zimmer, nahm dies und jenes in die Hand, schaute es an und ging weiter durch das leere Haus.

Eines Tages bekam ich, die alte Freundin aus Studienzeiten, eine Karte: »Bitte komm. Ich brauche Deine Hilfe.«
Ich steckte mitten in der Arbeit an einem Buch, aber ich sagte alles ab und fuhr zu ihm.
Das Haus sah aus wie immer, aber innen war es leer und wie verschattet. Alle Türen standen offen, und er rief: »Hier! Ich bin in der Küche!«
Er hatte angefangen, Schränke und Regale auszuräumen, und schaute alles nachdenklich an. »Ich will das nicht mehr haben. Ich brauche es nicht. Es war ihr Reich. Sie lebt hier ja noch. Ich kann das nicht ertragen.«
Ich stotterte herum, aber er half mir nicht. Und so sagte ich: »Du brauchst ein paar scharfe Messer, einen Koch- und einen Schmortopf und eine Pfanne für Eierspeisen ...«, und dann dachte ich an die Bratkartoffeln und den Frühstücksspeck und die ausgebackenen Apfelringel und die zarte rosige Leber, und ich sagte: »So geht das nicht. Wir müssen wissen, was du willst. Wie du leben willst. Ob du für dich kochen willst.«

»Ich will allein sein«, antwortete er, »ich will niemanden im Haus und in der Küche.«

»Dann müssen wir es umgekehrt machen.«

Wir räumten die Tassen und Teller wieder ein und suchten aus Schubladen und Regalen, aus der Anrichte im Esszimmer und aus dem Schrank mit dem guten Porzellan für Gäste das heraus, was er brauchen würde. Und beim Räumen begannen die Dinge, mit ihm zu sprechen. »Das nennt man Kasserolle, oder? Darin hat sie immer das Gemüse gekocht, wenn wir beide …«

Schoten und Schinken

500 g Kaiserschoten, 1 l Fleischbrühe, 50 g Butter, 3 EL Semmelbrösel, 200 g Kochschinken, 500 g gekochte Mohrrüben, Salz, Pfeffer, 1 Prise Zucker, 1 Strauß Petersilie

Die Schoten werden in der Fleischbrühe je nach Frische 10–15 Minuten gekocht und abgegossen. In einer Pfanne schmilzt die Butter, die Semmelbrösel werden dazugeschüttet und unter ständigem Rühren bei mittlerer Hitze golden geröstet. Den Schinken in Stückchen und die Mohrrüben in Scheibchen schneiden, samt den Schoten in die Pfanne zu den Bröseln geben und alles miteinander durchschwenken. Viel-

leicht noch etwas Butter dazugeben, dann mit grob
gehackter Petersilie servieren.

»Also die Kasserolle auf jeden Fall, und wo ist das
Frühstücksgeschirr? Du weißt doch – das englische
Steingut mit der blauen Landschaft. Und das da-
hinten, die Pfanne mit Deckel … Sie hat immer
gesagt, eine Deckelpfanne braucht man auf jeden
Fall. Weißt du, warum? Meinst du, dass ich das
kochen kann, was sie darin gekocht hat?«
Wir haben alles umgeräumt. Seine Kochsachen
griffbereit rechts und links vom Herd, wie es sich
gehört. Eine Schublade mit Küchenbestecken
darüber. Das Silberbesteck kam in die Lade der
Anrichte und so weiter.

Wenn ich ihn besuchte, brachte ich ein oder zwei
Rezepte mit, auf ihn und sein Arsenal zugeschnit-
ten. Er wollte als Erstes Gemüserezepte, und ich
schrieb ihm Grundrezepte auf, die er ganz leicht
abändern konnte.
Eines Tages, als ich ihn wieder besuchte, sah ich,
dass er an »ihre« Schränke gegangen war. Ich
sagte nichts. Aber er hatte gemerkt, dass ich den
Wandel wahrgenommen hatte, und er lächelte.

Er blieb allein, aber er lud wieder Freunde ein. Er kochte unterdessen wie ein Meister, und es gab ein Gericht von großer Köstlichkeit, das er aus dem *ZEIT-Magazin* ausgeschnitten hatte. Ich konnte mich daran erinnern: Es stammte aus einem Koch-wettbewerb, an dem zwölf europäische Länder teilgenommen hatten. Ich zitiere es hier:

Schmortopf Mont Ventoux

»Je 250 g mageres Rindfleisch, Lammfleisch und Schweinefleisch, Öl, 150 g geräucherter Speck, 2 Zwie-beln, 1 Handvoll Olives cassées, 1 Handvoll schwarze Oliven in Öl und Rosmarin eingelegt, 5 Knoblauch-zehen, frische Thymianblüten (oder getrockneten Thymian), ½ Tasse ungeschwefelte Korinthen, ½ l Rotwein (Côtes du Ventoux oder Côtes du Rhône), 1 gehäufter EL grüner Pfeffer, Salz, ¼ l Sahne, 1 ml Cognac

Fleisch von Fett und Häuten befreien, würfeln. Öl im Schmortopf erhitzen, Fleischwürfel darin bräunen las-sen. Speck und Zwiebeln würfeln, zum Fleisch geben, Speck unter ständigem Rühren glasig werden lassen. Oliven entkernen, Knoblauch schälen, beides mit dem Thymian und den Korinthen unters Fleisch rühren, mit dem Rotwein ablöschen, den Schmortopf zudecken.

Backofen auf 200° vorheizen, den Schmortopf 40 Minuten im Backrohr garen lassen. Fleisch aus dem Topf nehmen, Sauce auf dem Herd einkochen lassen, mit grünem Pfeffer und Salz würzen. Sahne unterrühren, mit Cognac abschmecken. Das Fleisch wieder in den Topf geben und 20–30 Minuten ziehen lassen. Das reicht für 5–6 Gäste.«

Er servierte dazu einen grünen Salat, Baguette oder Reis, und seinen Gästen schmeckte es vorzüglich.

Goethe, der große alte Mann

Am Ende seines Lebens gehörte auch Goethe zu den einsamen, großen alten Männern. Christiane, seine Frau, war gestorben und dann auch August, sein Sohn. Christiane war eine vorzügliche Hausfrau gewesen, Ottilie, Augusts Witwe, dagegen eine Katastrophe. Sie kümmerte sich um nichts, sondern vertiefte sich stattdessen in ihre Träume vom Dichterruhm. Der Haushalt verkam, bis der alte Goethe eingriff.

Zuerst nahm er den Schlüssel der Holzkammer wieder an sich. Holz, das fast einzige Feuerungsmittel, war durch die Kriege mit und gegen Napoleon so knapp geworden, dass es im näheren Umkreis von Weimar schon Kahlschlag gab. Im offenen Holzschuppen hatte sich deshalb jeder bedient.

Goethe hatte als Kind und als Jüngling in Frankfurt gelernt, wie man einen Haushalt führt. Er hatte zugeschaut, wie in der Küche das verarbeitet wurde, was aus den eigenen Gemüsegärten und Weinbergen und Obstwiesen stammte, hatte gesehen, wie der Vater in sein *Liber domesticus* alles notierte, was er vom Markt oder von fern her dazukaufte, und er hatte vor allem miterlebt, wie der Vater drei mittelalterliche Häuser zu einem umbauen ließ, das allen Ansprüchen genügte, vorab denen der Gäste, die von einer schönen breiten Treppe zu seinen Gesellschaftsräumen, zu Büchern und Musik geleitet wurden. Das hatte Wolfgang, der Sohn, wohl nie vergessen. Jahre später war das Haus am Frauenplan wie sein Frankfurter Vaterhaus aus mehreren mittelalterlichen Häusern entstanden, und wie im Hirschgraben führte eine neue schöne breite Treppe die Gäste in den ersten Stock zu den Sammlungs- und Gesellschaftsräumen.

Goethe war einsam, aber er war auch nach dem Tod von Frau und Sohn nicht allein. Mit seiner Schwiegertochter Ottilie und den beiden Enkeln, Christianes Tanten, den Sekretären und Hofmeistern und anderen Familienangehörigen saß etwa ein Dutzend am Tisch. Dazu gesellten sich fast täglich Durchreisende, Eingeladene und Bewunderer aus der ganzen Welt.

In den Anschreibheften der verschiedenen Köchinnen kann man lesen, was sie auf dem Markt gekauft haben, wie groß das Deputat an Wildfleisch war, das dem einstigen Beamten aus der fürstlichen Wirtschaft vertraglich zustand. Goethe hatte am

Hof verschiedene Ämter innegehabt, aber er war immer achtsam gewesen. Er hatte beobachtet und sich vieles gemerkt. Er kannte sich aus. Er hatte seinen Werther, am Herd sitzend, Erbsenschoten in Butter dünsten lassen, hatte dem Sohn von Frau v. Stein das Pfannkuchenbacken beigebracht, hatte die selbst angebauten Spargel gestochen, im Brunnen gewaschen und gekocht. »Guten Morgen mit Spargels!« war ein Gruß an Frau von Stein.

Er hatte sich in sein bezugsfertiges Gartenhaus als Erstes eine Köchin engagiert, weil er selbst gern aß, weil er erlebt hatte, eine wie wichtige Rolle das Essen und die Geselligkeit im Leben spielen.

So war er aufs Beste gerüstet für die späte Solorolle als Haushaltsvorstand, und es fiel ihm nicht schwer, Küche und Haushalt zu übernehmen. Für die »lieben Wesen«, seine beiden Enkel, übernahm er die »abermals zugemutete Rolle eines deutschen Hausvaters« und entwarf vom Herbst 1831 an Speisenzettel für jeden Tag bis zum 15. März 1832. Es begann mit »Anordnungen«, die wieder Sparsamkeit und Ordnung in die Küche bringen sollten: »Beim Spicken der Braten und der Beilagen zwei Drittel weniger Speck. Keine Fasanen werden mehr angeschafft, und die Hasen sämtlich in der Niederlage ins Buch zu schreiben. Im gleichen keine Kapaunen anzuschaffen, sondern zu überlegen, wie man mit nachhaltigen Fleischerbraten auskommen könne. Ferner ist auf gutes Rindfleisch zu sehen, welches zu dem Zugemüse an den herrschaftlichen Tisch mit irgendeiner Sauce als zweites Essen zu liefern ist. Alle Mittag zwölf gute Kartoffeln.«

Die Mahlzeiten, die Goethe zusammenstellte, waren laut einem Brief an seine Freundin Marianne v. Willemer aus dieser Zeit einfach und dadurch sparsam, dass zum Beispiel Reste von der Mittagsmahlzeit beim Abendbrot wieder auf den Tisch kamen oder ein großer Braten für zwei Mahlzeiten reichte. Jedes Mittagessen begann mit einer Suppe, meist einer Rinderbrühe, wobei Goethes liebste Einlage Grießklößchen waren. Und bei den gebundenen Suppen war es die Kartoffelsuppe, die der Geheimrat am meisten schätzte.

Noch einmal also die feste Ordnung – bis zum letzten Mittagessen dieser Menüliste am 15. März: Kartoffelsuppe, die geliebten weißen Rüben, Schöpsenfleisch und Rindsbraten. Kein Dessert. Nichts mehr für abends.

Hier drei Kostproben aus der goetheschen Küche, die selbst Freund Leopold nachkochen könnte:

Spinat auf andere Art

500 g Blattspinat, 100 g Sauerampfer und andere grüne Kräuter, 50 g Butter, Salz und Pfeffer, ½ TL Muskatblüte, 1 Tasse kleine Rosinen, 1 Tasse Fleischbrühe, 3 Zwiebeln, 2 EL Semmelbrösel, 3 hart gekochte Eier

Den Spinat kochen, abtropfen lassen und fein wiegen. Die grünen Kräuter ebenfalls fein wiegen und dazugeben. Die Butter zerlassen, würzen, mit den gewaschenen Rosinen und etwa 1 Tasse Fleischbrühe zusammen mit dem Gemüse ein paar Minuten kochen und dabei immer wieder umrühren. Schließlich die Zwiebeln fein würfeln, in Butter anbraten, Semmelbrösel dazugeben und beides unter ständigem Umrühren blond werden lassen. Die hart gekochten Eier fein wiegen und daruntermengen. Den Spinat in eine Schüssel füllen, mit den Eierbröseln bekrönen und anrichten.

Fischknöpflein

Fischreste oder ein Rotbarschfilet, 1 Weißbrötchen, 1 Tasse Fleischbrühe, 1 Strauß Petersilie, Dill, Majoran, 1 kleine Scheibe Räucherschinken oder Speck, Salz und Pfeffer, 2 Eier, 3–4 EL Butter

Das Weißbrötchen in eine Schüssel legen, mit heißer Fleischbrühe übergießen und weichen lassen. Das Fischfleisch in Scheibchen schneiden und dann so fein wiegen wie möglich. Die grünen Kräuter ebenfalls fein wiegen und Schinken oder Speck, die wegen des Räucheraromas dazugehören, fein hacken. Die Weißbrötchen ausdrücken, mit Fischfleisch, Kräutern, Speck oder Schinken, Salz und Pfeffer und 2 Eiern verrühren, dann mit 2 Löffeln Nocken formen, in der Pfanne in Butter von beiden Seiten andünsten und dann mit 1 Tasse kräftiger Fleischbrühe begießen. Die Pfanne zudecken und 20 Minuten von beiden Seiten auf schwacher Flamme garen.

Gebacken Brot

2 längliche Brötchen, Butterschmalz
Für die Fülle: 100 g gemahlene Mandeln, 3 EL Semmelbrösel, 3 EL Zucker, etwas Weißwein oder Rosenwasser, 1 Ei und 2 Eigelbe
Die Brötchen in Scheiben schneiden, aber nicht ganz durchschneiden, sodass die Unterseite heil bleibt. Die Scheibchen etwas auseinanderbiegen. Aus Mandeln, Semmelbröseln, Zucker, Weißwein, Ei und Eigelben eine Paste rühren und in die Spalten streichen. In heißem Butterschmalz langsam von beiden Seiten in der

Pfanne backen oder in einer feuerfesten Schüssel
Butter zerlassen, die Semmeln hineinsetzen und bei
schwacher Hitze etwa 20 Minuten backen.

Goethe war klug genug, sich in den letzten Wochen und Monaten der Hilfe zu versichern, die ihm andere bei seiner Haushaltsführung leisten konnten.

Am 13. Januar 1832 schrieb er nach Frankfurt an Marianne v. Willemer:

»Wenn Sie, meine Beste, wie im Sommer so auch im Winter für meine Tafel und Haushaltung sorgen wollten, deren persönliche genaue Behandlung Sie komisch finden würden, wenn Sie mich dieses Geschäft nothwendig-consequent durchführen sähen: so vermelde ich nächstens einige Wünsche, durch deren Erfüllung ich meinen Gästen wohl ein besonderes Lächeln abgewinnen möchte. Wollen Sie mir indeß freundliche Gesichter von meinen Enkeln erwecken, so erbitte mir, etwa im Februar, etwas Offenbacher Pfeffernüsse; bis dahin werden die magenverderblichen Weihnachtsgaben wohl schon aufgespeist seyn. Die Menschheit, merke ich, mag noch so sehr zu ihrem höchsten Ziele vorschreiten, die Zuckerbäcker rucken immer nach;

indem sich Geist und Herz immerfort reinigt, wird, wie ich fürchte, der Magen immer weiter seiner Verderbniß entgegengeführt.«

Marianne v. Willemer antwortete am 29. Januar:

»In einigen Tagen erhalten Sie ein Kistchen mit ganz frischen Pfeffernüssen und Brenten, für die ich um freundliche Aufnahme bitte, obschon sie eigentlich zu den magenverderblichen Weihnachtsgaben gehören und ich fast schließen möchte, daß Sie oder die Enkel ein wenig dagegen eingenommen sind; ich kann Sie aber versichern, daß sie in dieser einfachen schlichten Gestalt weniger schädlich sind als in der Zeit, wenn sie etwas vorstellen sollen, da gewöhnlich die äußere Form mehr Werth hat als die Masse. Auch etwas Quittenbast habe ich beygepackt; er hält sich lange und ist ganz unschädlich. Möge dieß alles Ihnen und Ihren Enkeln zu einiger Freude gereichen!«

Goethes Antwort am 9. Februar:

»Die anmuthigen Süßigkeiten sind glücklich angekommen und, was wirklich merkwürdig ist, haben Sie durch die obere Schicht eine frühere Geschmackslust Ihres bejahrten Freundes wieder aufgeregt, wenn die andern beyden Schichten, im Gegensatz der trübsten Wintertage, mir sonnenfreundliche Gesichter zu entwickeln nicht verfehlen werden. Was übrigens mich betrifft, so genügt mir bey Tisch das Wenigste, Einfachste, dächt' ich nicht manchmal an die übrigen mitgenießenden Hausgenossen und Gäste. Deswegen möcht' ich Sie jetzt nur um eine mäßige Sendung von Kastanien bitten, von welchen diesen Winter kaum einige Musterbilder zu uns gekommen sind. Sodann fällt mir aber doch ein: Sie um ein paar Schwartenmagen zu bitten, welche, bey mäßiger Kälte, wohl möchten zu transportiren seyn. Während meiner Mutter Lebzeiten kamen dergleichen zu gehöriger Zeit regelmäßig an, und nur zwey der ältesten Freunde erinnern sich derselben als fabelhafter mythologischer Productionen. Gewiß werden Sie billig finden, daß ich mein culinarisches Regiment mit Seltenheiten zu illustriren geneigt bin, und werden mir als liebe sorgliche Freundin hierzu gern einigen Beytrag thun …«

Und dann der letzte Brief von Marianne v. Willemer an Goethe vom 15. Februar 1832:

»Die fabelhaften mythologischen Productionen werden nun wohl angekommen seyn und ihrer Zeit Ehre bringen, wie ich hoffe; wenn die Kastanien Beyfall finden, so sende ich nächstens [mehr], oder wünschen Sie vielleicht italienische Maronen?«

Am 22. März 1832, an seinem Todestag, verlangte Goethe gegen neun Uhr Wasser und Wein zum Trinken, richtete sich mithilfe seines Schreibers John im Sessel auf und trank das Glas in drei Schlucken leer. »Zur 10. Stunde« habe er, wie ein Zeitgenosse berichtet, eine Gabel und Frühstück verlangt. »Man brachte beides. Von dem kalten, kleingeschnittenen Geflügel führte er mit der Gabel einige Stückchen zum Munde und legte dann dieselbe mit dem Verlangen nach einem Trunke nieder. Friedrich [der Diener] reichte ein Glas Wasser und Wein, wovon aber der Kranke nur wenig trank …«

Johann Wolfgang von Goethe starb an diesem Vormittag um halb zwölf.

Das rote Buch

In meinem *Kochbuch für die kleine alte Frau* habe ich vom roten Buch meiner Großtante erzählt und es, nachdem ich das Manuskript abgeschlossen hatte, nicht wieder in den Schrank zu den anderen kostbaren alten Kochbüchern gestellt, sondern auf meinem Schreibtisch liegen gelassen und immer wieder darin gelesen. Ich habe die zierliche Handschrift ihres Vaters bewundert, der der Tochter das Buch eingerichtet hatte, und die ausgeglichene Handschrift der Tochter, die das rote Buch bis zu ihrem Tode weitergeführt hat.

Dabei ist mir klar geworden, dass dieser Vater, der noch zu Goethes Lebzeiten geboren wurde, der älteste einsame Mann in meiner Familie ist, den ich kenne, freilich nur als verwischtes Porträt in einer der Mappen, die ich geerbt habe. Ein düsteres Bild, nicht nur weil es mit Kohle gezeichnet und nie fixiert worden war, sondern weil der Mann den Betrachter abweisend aus seiner Dunkelheit heraus anschaut. Ich habe als Kind oft zurückgeschaut, aber er blieb ein Geheimnis.

Keiner erwähnte ihn, keiner erzählte von ihm. Was

ich später, als Erwachsene, von ihm erfuhr, erklärt das Schweigen. Er war Prinzenerzieher gewesen, Pastor in der Kadettenanstalt in Lichterfelde, heiratete eine junge Frau aus einer französischen Familie, die wunderschön gewesen sein soll, wurde schließlich Rentmeister bei den Steins in Nassau. Seine Chefinnen waren die Enkelinnen des berühmten Freiherrn vom Stein, so sittenstreng, wie man damals noch war. Die beiden alten Frauen fühlten sich wohl immer noch als Patronatsherrinnen, immer noch verantwortlich für Sitte und Ordnung in Schloss und Stadt, und als die schöne Frau ihres Rentmeisters Ehemann und Töchter verließ und nach Paris zurückkehrte, er sich dann auch noch von ihr scheiden ließ, muss die Empörung erheblich gewesen sein. Der Rentmeister und Pastor verlor seine Stelle. Die schöne Geschiedene starb bald.

Die beiden kleinen Töchter wurden an weit entfernte Cousinen und Tanten verteilt. Der Vater aber ließ die Ältere, Ruhige, Vernünftige zu sich kommen, als sie fünfzehn oder sechzehn Jahre alt war und er es offenbar satt hatte, von einem wie auch immer selbst gekochten Essen zu leben. Er behandelte die älteste Tochter, wie es damals üblich war. Sie war sein Kind, sein Eigentum, und wenn er sie brauchte, hatte sie zu kommen. Sie wurde wie ein Postpaket zu ihm geschickt.

Für sie kaufte er das kleine rote Buch und schrieb mit seiner zarten, winzigen Schrift auf, was er vom Haushalten und Kochen wusste. Ich weiß nicht, ob er sein Kind liebte, ob er es so unterrichtete wie seine Schüler. Sie war daran gewöhnt, dass über sie, das lästige arme Waisenkind, entschieden wurde, ohne sie zu fragen.

So las sie, was der Vater, der einsame Mann, in das rote Buch geschrieben hatte. Auf den ersten Seiten ging es hauptsächlich um Fleckenentfernung: Rost aus Leinen, Wagenschmiere aus Loden, Obstflecken aus der Wäsche. Das zeigt: Als alleinstehender, geschiedener Pastor musste er darauf achten, dass er gepflegt und in fleckenloser dunkler Kleidung auftrat. Kein noch so kleines Zeichen von Verwahrlosung durfte verraten, dass die Ehefrau nicht mehr die Hemden wusch und bügelte und ein ordentliches Essen kochte. So hielt er gleich nach der Flecken-Arie fest, wie man Fleisch aufhebt (ein Wunder, dass er das überlebt hat) und wie man Marzipan herstellt oder Nürnberger Lebkuchen backt (umständlich, aber nachvollziehbar).

Die junge Tochter hat nicht so lange für ihn gekocht, dass sie es für aufschreibenswert gehalten hätte. Denn die Alltagsküche war so einfach und so bekannt, dass keine Tinte dafür verschwendet wurde. Kartoffeln und Gemüse, Nudeln, Eier und Mehlspeisen sahen alle kleinen Mädchen in der Küche, und so hatte auch sie gewiss mit geputzt, geschält, gehackt, gerieben und gerührt, sobald sie Löffel und Reibeisen halten konnte.

So weit die Vater-Rezepte mit echten Sonntagsbraten, englischem Roastbeef (so kurz gebraten, wie wir es heute machen) und Lendenbraten, der mit Morcheln, Champignons oder Trüffeln serviert wird. Gleich darauf folgt der Alltag, Hackfleisch. Da kommt es auf die Kochkunst an. Hack allein ist langweilig, aber mit den richtigen Gewürzen wird es ein Gericht, mit dem die Tochter – das ist offenbar seine Botschaft – ebenso viel Ehre einlegen kann wie mit einem hochherrschaftlichen Roastbeef. Ich glaube, dass er dieses Rezept oft befolgt und wahrscheinlich immer wieder anders zusammengestellt und gewürzt hat. Er macht für den Hackbraten keine Mengenangaben, weil sie sicher auch der Tochter bekannt sind. Ich würde statt Mehl grobe Semmelbrösel nehmen oder ein in

Milch eingeweichtes altbackenes Brötchen. Ich liebe dieses Rezept wegen der Speckstreifen. Sie werden so schön kross. Und hier wird es originalgetreu zitiert:

Pastors Hackbraten

»Rindfleisch und Schweinefleisch werden fein gehackt, fein gewiegte Sardellen, ganze Capern, Citronenschale und Saft, Eier, Mehl, Gewürz, etwas Wasser, mengt alles gut durcheinander, formt einen länglichen Weck, belegt ihn mit Speckstreifen und Citronenscheiben und brät ihn in Butter schön braun.«

Er schrieb eine Reihe von köstlichen und auch kostspieligen Rezepten so auf, dass man beim Lesen merkt: Auch die kannte er. Er hat sie vielleicht selbst gekocht, und wenn er auch aus der Welt, in der so reich und fast verschwenderisch gekocht wurde, herausgefallen war, vielleicht durch eigene Schuld, und er seinen Kindern nicht das Leben bieten konnte, in dem eine Köchin für das Kochen zuständig war, wollte er wenigstens dafür sorgen, dass die Tochter wusste, wie man sie macht.

Vielleicht hat er auch gehofft, dass seine Töchter in Familien einheirateten, in denen das Rindsfilet Alltagsküche war und in denen als selbstverständlich angenommen wurde, dass eine junge Hausfrau wusste, wie man auch das Extravagante zubereitet? Seine Einträge hören mitten in einem Satz auf:

»Kartoffelauflauf

Man nimmt 6 Lot Zucker«

Seine Tochter Friederike heiratete nicht. Sie wurde um 1900 Schwester beim Deutschen Roten Kreuz in Frankfurt und nahm das kleine rote Buch als Erinnerung an den Vater mit. Als sie pensioniert wurde und nach Nassau zog, erlebte das kleine rote Buch seine zweite große Zeit – und ich meine ersten sechs Lebensjahre, meine schönsten Kinderjahre.

Zur Autorin

Sybil Gräfin Schönfeldt wuchs in Nassau a. d. L., Göttingen und Berlin auf, studierte Germanistik und Kunstgeschichte und promovierte in Wien. Sie lebt seit den 1950er Jahren in Hamburg und hat zwei Söhne. Ihr Mann ist vor zehn Jahren gestorben.

Sie arbeitete als Redakteurin und freie Journalistin u. a. über das Thema Essen & Trinken und schrieb für DIE ZEIT, das ZEIT-Magazin, für *stern* u. a. Rezensionen, Reportagen und Kolumnen, auch über Tischsitten und Tischkultur. Sie ist Mitbegründerin des Food Editors Club (FEC). Seit den 1960er Jahren veröffentlichte sie zahlreiche Kochbücher. Zwischen 1995 und 2010 erschienen im Arche Literatur Verlag literarische Kochbücher zu *Theodor Fontane, Johann Wolfgang von Goethe* und *Thomas Mann* sowie zu *Astrid Lindgren*. Seit 2005 gibt sie einen *Literarischen Küchenkalender* heraus (jetzt bei edition momente). Sie erhielt mehrere Gold- und Silbermedaillen der Gastronomischen Akademie Deutschlands sowie deren *Goldene Feder* und gilt heute als die *grande dame* der Kochkultur.

Ebenso große Verdienste erwarb sie sich um die Kinderliteratur als Autorin, Rezensentin und Übersetzerin, u. a. von Rudyard Kipling, *Das Dschungelbuch*, und Lewis Carroll, *Alice im Wunderland* (Hans-Christian-Andersen-Übersetzerpreis 1982). Sie war mit Astrid Lindgren befreundet und verfasste eine Biografie (Neuausgabe Rowohlt 2007) sowie

Erinnerungen an sie (ebersbach & simon 2017). Darüber hinaus veröffentlichte sie Bücher über das Alter und ihre Familiengeschichte (*Hoffen auf das Bessere*, Stuttgart 2015).

Sybil Gräfin Schönfeldt erhielt zahlreiche Auszeichnungen. Sie war von 1972–82 Vorsitzende des Arbeitskreises für Jugendliteratur und wurde 1997 vom Börsenverein des Deutschen Buchhandels als »Förderer des deutschen Buches« geehrt.

Jedes Jahr
Der literarische Küchenkalender
Mit Rezepten, Tipps & Bildern
Herausgegeben von
Sybil Gräfin Schönfeldt

53 Momente aus der literarischen Welt der Küche,
kombiniert mit wunderschönen vierfarbigen
Obst- und Gemüsevignetten und Bildern
aus der Kunstgeschichte, mit Autorenfotos und
Kalendarium für Termine.

»Ein echter Blickfang für alle Küchenwände …
ein erlesener und visueller Sinnengenuss
für alle Tage.« *lebensart*

60 Blätter mit Abbildungen und Fotos